# Talk Welsh

## with Dictionary

# Heini Gruffudd

# Pronouncing Welsh

Welsh is much easier to pronounce than English.

Every letter has its own sound.

You will find a guide to pronunciation every time you see new words in this book.

The accent is almost always on the last but one syllable, e.g.

radio                    *rahdyo*                    radio

The vowels can be long or short, but this is a rough guide:

| | |
|---|---|
| **a** | ah |
| **e** | eh |
| **i** | ee |
| **o** | oh |
| **u** | ee |
| **w** | oo |
| **y** | uh |

Most consonants are as in English, e.g.

**b, d, ff, h, l, m, n, p, s, t**

These consonants are always pronounced the same (in English they can be different):

| | |
|---|---|
| **c** | k |
| **ch** | ch ('loch') |
| **dd** | th (voiced) |
| **f** | v |
| **g** | g (as in 'got') |
| **ng** | ng (as in 'king') |
| **ll** | put your tongue ready for 'l', but blow ('Llanelli') |
| **ph** | ph |
| **rh** | rh |
| **th** | th (always voiceless) |

In the pronunciation given in this book, 'th' is used for 'dd'. When you see this, always say the voiced 'th', as in 'this', e.g. day = dydd *deeth*.

To differentiate between two vowel sounds in the pronunciation, an 'h' is often used. There is no need to say this 'h', e.g., now = nawr *nahoor*.

# Contents

| | | Page |
|---|---|---|
| **Pronouncing Welsh** | | 4 |
| **Introduction** | | 6–7 |
| **120 Welsh words you already know** | | 8–10 |
| **Some basics** | | 10–15 |

**Plîs paid – mae'n syniad erchyll!**
Translated :
*Please don't – the idea's awful!*

This response from a friend of mine convinced me that the idea behind this book is excellent.

I had further support from a book read on holiday by my son-in-law, with this quotation from a football commentator:

"Beckham scores, England win."

The commentator should have said, "If Beckham had scored, England would have won". The grammarians would have enjoyed teaching the subjunctive pluperfect (or whatever!) but the commentator got away with using the ordinary present tense.

The purpose of this book is to allow learners to learn the Welsh that is used by many ordinary Welsh speakers. The book does not dwell on the niceties of grammar, indeed it avoids or disregards them intentionally.

When speaking Welsh, many Welsh speakers
> **do not use verbs**
> **use a lot of English words**
> **change English words into Welsh ones by adding an ending**
> **do not mutate (change the first letters of some words) according to the rules.**

Purist grammarians will hate this book.

I hope that learners will love it.

You will learn to speak spoken Welsh much quicker. Once you are confident in trying your Welsh in everyday situations, you can later master formal Welsh grammar when needed.

And, more importantly, you will sound like Welsh speakers, instead of like learners.

Welsh is easy to master – you don't need to learn a list of irregular verbs, as in English.

For example:

| | | |
|---|---|---|
| **Mynd** | = | to go |
| *mihnd* | | |
| **Fi'n mynd** | = | I'm going |
| *veen mihnd* | | |
| **Fi di mynd** | = | I've gone |
| *vee dee mihnd* | | |

Take your time with this book. Master each lesson before going on to the next.

Repeat each lesson several times. If you repeat a word or a phrase twenty times, you'll remember it!

**How to use this book**

This book is arranged in handy twenty- to thirty-minute parts.

Each part gives you the following:

1   *New words*
    Say and repeat these several times.
2   *New sentences*
    Say and repeat these until you know what they mean without thinking.
3   *A table of words*
    Use the table of words to make up your own sentences.
4   *A conversation*
    Repeat the conversation until you know what it means without thinking.

In some sections of the book you will see, in boxes, more formal versions of verbs which you will probably see in other courses and in classes.

At the end of the book there is a Welsh-English and English-Welsh vocabulary.

Pob hwyl!
All the best!

**Heini**

# 120+ Welsh words you (more or less) already know

You know lots of Welsh already, because over time Welsh, like so many other European languages, uses many international words. These come from Latin, Greek, English, or other languages.

Hide the English column, and see how many Welsh words you already know.

Then practise pronouncing these (remember that the accent is almost always on the last but one syllable):

| Welsh | Pronunciation | English |
|---|---|---|
| act | akt | act |
| alcohol | alkohol | alcohol |
| Arab | arab | Arab |
| awtomatig | ahootomatig | automatic |
| banana | banana | banana |
| banc | bank | bank |
| Beibl | beheebl | Bible |
| beic | beheek | bike |
| beiro | beheero | biro |
| biliwn | bileeoon | billion |
| bin | bin | bin |
| blows | blohoos | blouse |
| bom | bom | bomb |
| brown | brown | brown |
| bwced | bookehd | bucket |
| bws | boos | bus |
| bylb | buhlb | bulb |
| canser | kansehr | cancer |
| capel | kapehl | chapel |
| car | kar | car |
| cardigan | kardigan | cardigan |
| carped | karpehd | carpet |
| CD | see-dee | CD |
| Celt | kehlt | Celt |
| cic | kik | kick |
| cicio | kikeeo | to kick |
| clip | klip | clip |
| cloc | klok | clock |
| coffi | kophee | coffee |
| coleg | kolehg | college |
| colofn | kolovn | column |
| concrit | konkreet | concrete |
| copi | kopee | copy |
| criced | krikehd | cricket |
| Cristion | kristyon | Christian |
| criw | krihoo | crew |

| cwpan | *koopan* | cup |
| cwrs | *koors* | course |
| cwsmer | *koosmer* | customer |
| drama | *dramah* | drama |
| e-bost | *ehbost* | e-mail |
| eliffant | *eliphant* | eliphant |
| Ewrop | *Ehoorop* | Europe |
| galwyn | *galooeen* | gallon |
| gât | *gaht* | gate |
| gêm | *gehm* | game |
| fersiwn | *vehrshoon* | version |
| ffeil | *pheheel* | file |
| ffit | *phit* | fit |
| fflat | *phlat* | flat |
| ffliw | *phlioo* | flu |
| ffôn | *phohn* | telephone |
| fforc | *phork* | fork |
| fforest | *phorest* | forest |
| fformiwla | *phormioolah* | formula |
| ffotograff | *photohgraph* | photograph |
| ffrog | *phrog* | frock |
| ffŵl | *phool* | fool |
| ham | *ham* | ham |
| het | *heht* | hat |
| hostel | *hostehl* | hostel |
| inc | *ink* | ink |
| jam | *jam* | jam |
| jar | *jar* | jar |
| lager | *lahger* | lager |
| lamp | *lahmp* | lamp |
| lemwn | *lehmoon* | lemon |
| lwc | *look* | luck |
| Mai | *mahee* | May |
| mam | *mam* | mother |
| map | *map* | map |
| marc | *mark* | mark |
| mat | *mat* | mat |
| metr | *mehtr* | metre |
| miliwn | *mileeoon* | million |
| munud | *mihnihd* | minute |
| oren | *ohrehn* | orange |
| organ | *organ* | organ |
| owns | *ohoons* | ounce |
| papur | *pahpir* | paper |
| parti | *pahrtee* | party |
| pinc | *pink* | pink |
| plastig | *plastik* | plastic |
| plât | *plaht* | plate |
| plismon | *plihsmon* | policeman |
| poced | *pohkehd* | pocket |
| porc | *pork* | pork |
| potel | *pohtehl* | bottle |
| preifat | *preheevat* | private |
| pris | *prees* | price |

| | | |
|---|---|---|
| protest | *prohtehst* | protest |
| pyjamas | *puhjamas* | pyjamas |
| pyls | *puhls* | pulse |
| radio | *rahdyo* | radio |
| record | *rehkord* | record |
| rygbi | *ruhgby* | rugby |
| sbectol | *sbehktol* | spectacles |
| sector | *sektor* | sector |
| sgandal | *sgandal* | scandal |
| sgarff | *sgahrph* | scarf |
| siampŵ | *shampoo* | shampoo |
| siec | *shehk* | cheque |
| sigarét | *sigareht* | cigarette |
| simne | *shimneh* | chimney |
| sinc | *sink* | sink |
| sinema | *sinehmah* | cinema |
| siop | *shop* | shop |
| siwgr | *shoogoor* | sugar |
| siwt | *sioot* | suit |
| soser | *sohsehr* | saucer |
| stori | *storee* | story |
| stryd | *streed* | street |
| symbol | *simbol* | symbol |
| tacsi | *tahksee* | taxi |
| tasg | *tasg* | task |
| te | *teh* | tea |
| tei | *tehee* | tie |
| teiar | *teheear* | tyre |
| teils | *teheels* | tiles |
| trên | *trehn* | train |
| tri | *tree* | three |
| trowsus | *trohoosis* | trousers |
| twnnel | *toonehl* | tunnel |
| tywel | *tuhooehl* | towel |
| theatr | *theahtr* | theatre |
| wal | *wahl* | wall |

• • • • • • • • • • • • • • • • • • • • • • • • • • • • • • • • •

# Some Basics

• • • • • • • • • • • • • • • • • • • • • • • • • • • • • • • • •

## GREETINGS

| | |
|---|---|
| **Dewch i mewn** | Come in |
| *dehooch ee mehoon* | |
| **Shwmae** | Hello |
| *shoomahee* | |
| **Croeso** | Welcome |
| *kroheeso* | |
| **Pen blwydd Hapus** | Happy Birthday |
| *pehn blooeeth hapis* | |
| **Nadolig Llawen** | Merry Christmas |
| *nadolig llahooehn* | |

| | |
|---|---|
| **Blwyddyn Newydd Dda** | Happy New Year |
| *blooeethin nehooith tha* | |
| **Iechyd da!** | Good health, Cheers! |
| *eehehchid da* | |
| **Bore da** | Good morning |
| *boreh da* | |
| **Pnawn da** | Good afternoon |
| *pnahoon da* | |
| **Noswaith dda** | Good evening |
| *nosooheth tha* | |
| **Nos da** | Good night |
| *nohs da* | |
| **Os gwelwch yn dda** | Please |
| *os gooehlooch uhn tha* | |
| **Plîs** | Please |
| *pleez* | |
| **Diolch** | Thanks |
| *deeohlch* | |
| **Diolch yn fawr** | Thank you very much |
| *deeohlch uhn vahoor* | |
| **Pob hwyl** | Goodbye, All the best |
| *pohb hooeel* | |
| **Hwyl** | Goodbye |
| *hooeel* | |
| **Cofion** | Best wishes |
| *koveeohn* | |
| **Gwela i ti** | See you |
| *gooehla ee tee* | |

## SENTENCES

| | |
|---|---|
| **Fi'n moyn...** | I want... |
| *veen moheen* | |
| **Fi'n hoffi...** | I like... |
| *veen hophee* | |
| **Fi'n byw yn...** | I live in... |
| *veen bioo uhn* | |
| **Ma rhaid i fi...** | I must... |
| *ma rhaheed ee vee* | |
| **Ma ... 'da fi** | I've got... |
| *ma ... da vee* | |
| **Fi di gweld y ffilm** | I've seen the film |
| *vee dee gooehld uh philm* | |

## QUESTIONS

| | |
|---|---|
| **Ble?** | Where? |
| *bleh* | |
| **Ble ych chi?** | Where are you? |
| *bleh eech chee* | |
| **Ble ma'r ...?** | Where is the ...? |
| *ble mahr* | |
| **Beth?** *or* **Be?** | What? |
| *behth    –beh* | |
| **Be sy i ginio?** | What's for dinner? |
| *beh see ee gihnyo* | |

| | |
|---|---|
| **Pam?** | Why? |
| *pam* | |
| **Pam ni'n mynd?** | Why are we going? |
| *pam neen mihnd* | |
| **Faint?** | How much? |
| *vaheent* | |
| **Faint yw e?** | How much is it? |
| *vaheent ioo eh* | |
| **Pryd?** | When? |
| *preed* | |
| **Pryd ma'r bws yn dod?** | When is the bus coming? |
| *preed mahr boos uhn dohd* | |
| **Sut?** | How? |
| *sit* | |
| **Sut wyt ti?** | How are you? |
| *sit ooeet tee* | |

## PLACE-NAMES

| | |
|---|---|
| **Abertawe** | Swansea |
| *Abehrtaooeh* | |
| **Caerdydd** | Cardiff |
| *Kaheerdeeth* | |
| **Aberteifi** | Cardigan |
| *Abehrteheevee* | |
| **Llanbedr** | Lampeter |
| *Llanbehd* | |
| **Casnewydd** | Newport |
| *Kasnehooith* | |
| **Yr Wyddgrug** | Mold |
| *Uhr ooithgrig* | |
| **Hwlffordd** | Haverfordwest |
| *hoolphorth* | |

## COUNTRIES

| | |
|---|---|
| **Cymru** | Wales |
| *kuhmree* | |
| **Ffrainc** | France |
| *phraheenk* | |
| **Iwerddon** | Ireland |
| *ihooerthon* | |
| **Lloegr** | England |
| *lloygehr* | |
| **Sbaen** | Spain |
| *sbaheen* | |
| **Yr Alban** | Scotland |
| *uhr alban* | |
| **Yr Almaen** | Germany |
| *uhr almaheen* | |
| **Yr Eidal** | Italy |
| *uhr eheedal* | |

**Dydd Llun**     Monday
*deeth lleen*
**Dydd Mawrth**     Tuesday
*deeth mahoorth*
**Dydd Mercher**     Wednesday
*deeth mehrchehr*
**Dydd Iau**     Thursday
*deeth iahee*
**Dydd Gwener**     Friday
*deeth gwehnehr*
**Dydd Sadwrn**     Saturday
*deeth sadoorn*
**Dydd Sul**     Sunday
*deeth seel*

**Nos Lun**     Monday night
*nohs leen*
**Nos Fawrth**     Tuesday night
*nohs vahoorth*
**Nos Fercher**     Wednesday night
*nohs vehrchehr*
**Nos Iau**     Thursday night
*nohs eeahee*
**Nos Wener**     Friday night
*nohs ooehnehr*
**Nos Sadwrn**     Saturday night
*nohs sadoorn*
**Nos Sul**     Sunday night
*nohs seel*

**Ionawr**     January
*eeohnahoor*
**Chwefror**     February
*chooehvrohr*
**Mawrth**     March
*mahoorth*
**Ebrill**     April
*ebrill*
**Mai**     May
*mahee*
**Mehefin**     June
*mehevin*
**Gorffennaf**     July
*gorphehnav*
**Awst**     August
*ahoost*
**Medi**     September
*mehdee*
**Hydref**     October
*hudrehv*
**Tachwedd**     November
*tachooehht*
**Rhagfyr**     December
*rhagvir*

**ym mis Ionawr**
*uhm mees eeohnahoor*
in January ('in the month of January')

**ym mis Chwefror**
*uhm mees chooehvrohr*
in February

## SEASONS

| | |
|---|---|
| **gwanwyn** *gooahnooin* | spring |
| **haf** *hahv* | summer |
| **hydref** *hudrehv* | autumn |
| **gaeaf** *gaheeahv* | winter |
| **yn y gwanwyn** *uhn uh gooahnooin* | in spring |
| **yn yr haf** *uhn uhr hahv* | in summer |
| **yn yr hydref** *uhn uhr huhdrehv* | in autumn |
| **yn y gaeaf** *uhn uh gaheeahv* | in winter |

## PREPOSITIONS

| | |
|---|---|
| **ar** *ahr* | on |
| **yn** *uhn* | in |
| **dros** *dros* | over |
| **dan** *dan* | under |
| **wrth** *oorth* | by |
| **ar bwys** *ahr booees* | near |
| **i** *ee* | to |
| **drwy** *drooee* | through |
| **tu ôl i** *tee ohl ee* | behind |

## DIRECTIONS

| | |
|---|---|
| **i'r chwith** *eer chooeeth* | to the left |
| **i'r dde** *eer theh* | to the right |
| **syth ymlaen** *seeth uhmlaheen* | straight on |
| **lan** *lan* | up |
| **lawr** *lahoor* | down |

## NUMBERS

| 1 | un | *een* |
|---|---|---|
| 2 | dau | *dahee* |
| 3 | tri | *tree* |
| 4 | pedwar | *pehdooahr* |
| 5 | pump | *pimp* |
| 6 | chwech | *chooehch* |
| 7 | saith | *saheeth* |
| 8 | wyth | *ooeeth* |
| 9 | naw | *nahoo* |
| 10 | deg | *dehg* |
| 11 | un deg un | *een dehg een* |
| 12 | un deg dau | *een dehg dahee* |
| 13 | un deg tri | *een dehg tri* |
| 14 | un deg pedwar | *een dehg pedooahr* |
| 20 | dau ddeg | *dahee thehg* |
| 21 | dau ddeg un | *dahee thehg een* |
| 22 | dau ddeg dau | *dahee thegh dahee* |
| 30 | tri deg | *tree dehg* |
| 40 | pedwar deg | *pehdooahr dehg* |
| 50 | pum deg | *pim dehg* |
| 60 | chwe deg | *chooeh dehg* |
| 70 | saith deg | *saheeth dehg* |
| 80 | wyth deg | *ooeeth dehg* |
| 90 | naw deg | *nahoo dehg* |
| 91 | naw deg un | *nahoo dehg een* |
| 100 | cant | *kant* |
| 101 | cant ac un | *kant ak een* |
| 102 | cant a dau | *kant ah dahee* |
| 120 | cant dau ddeg | *kant dahee thehg* |
| 200 | dau gant | *dahee gant* |
| 300 | tri chant | *tree chant* |
| 400 | pedwar cant | *pehdooahr kant* |
| 1,000 | mil | *meel* |

## NUMBERS USED WITH TIME

| 1 | un | *een* |
|---|---|---|
| 2 | dau / ddau | *dahee / ddahee* |
| 3 | tri / dri | *tree / dree* |
| 4 | pedwar / bedwar | *pehdooahr / behdooahr* |
| 5 | pump / bump | *pimp / bimp* |
| 6 | chwech | *chooehch* |
| 7 | saith | *saheeth* |
| 8 | wyth | *ooeeth* |
| 9 | naw | *nahoo* |
| 10 | deg / ddeg | *dehg / thehg* |
| 11 | un ar ddeg | *een ahr thehg* |
| 12 | deuddeg / ddeuddeg | *deheethehg / theheethehg* |
| 20 | ugain | *eegaheen* |
| 25 | pump ar hugain / bump ar hugain | |
| | | *pimp ar heegaheen / bimp ar heegaheen* |

# 1 Meeting someone

## Greetings

You will need to know a few greeting words, to say *hello, how are you,* and to answer these.

Start with the easiest:

| Helo | Hello | *heloh* |

In south Wales, you can use:

| Shwmae | Hello | *shoomahee* |

And in north Wales, use the equivalent:

| Smae | Hello | *smahee* |

To answer any of these just repeat what you've been told:

| Shwmae | – | Shwmae |
| Smae | – | Smae |

**Da** or **dd**a means *good*:

| da | good | *dah* | |
| dda | good | *thah* | (voiced 'th') |

You can now say:

| Bore da | Good morning | *boreh dah* |
| Pnawn da | Good afternoon | *pnahoon dah* |
| Nos da | Good night | *nohs dah* |
| Noswaith dda | Good evening | *nohswehth thah* |

Repeat the phrases below before going on.

> Helo!
> Shwmae!
> Pnawn da!
> Noswaith dda!
> Bore da!
> Nos da!

Now go to the next step – ask how someone is.

The word for *you* is **chi**, if you don't know the person well.

| chi | you | *chee* |

The word for *are* is **ych**

| ych | are | *eech* |

The word for *how* is **sut**

| Sut | How | *sit* |

But in south Wales say:

| Shwd ych chi? | How are you? | *shood eech chee* |

In north Wales say:

| Sut dach chi? | How are you? | *sit dach chee* |

Remember that 'ch' in Welsh is pronounced like the 'ch' for the composer 'Bach'.
(**bach** in Welsh means *small*!)

**iawn** means *very*:

| iawn | very | *yahoon* |
| da iawn | very good | *dah yahoon* |

to say *thanks,* use

| diolch | thanks/thank you | *deeolch* |

You can now say:

| Da iawn, diolch | Very well, thanks | *dah yahoon deeolch* |

Say these:

Shwd ych chi?
Da iawn, diolch

Now repeat and understand this short conversation:

Bore da!
  *Bore da! Shwd ych chi?*
Da iawn, diolch. Sut dach chi?
  *Da iawn diolch!*

## SAYING WHO YOU ARE

Now it's time to ask who the other person is:

| Pwy | who | *pooee* |
| Pwy ych chi? | Who are you? | *pooee eech chee* |

Just say your name to answer:

Pwy ych chi?
Huw

If needed, introduce yourself:

| ...dw i | I am... | *doo ee* |
|---|---|---|
| John Roberts dw i | I'm John Roberts | *John Roberts doo ee* |

Practise with these:

Pwy ych chi?

> John Hughes dw i.
>
> Mary Morgan dw i.
>
> Thomas Davies dw i.
>
> Angharad Lewys dw i.
>
> Ceri Huws dw i.

To say what you do, use:

| fi'n ... | I am ... | *veen* |
|---|---|---|

Now say what you're doing:

| Fi'n rheolwr. | I'm a manager. | *veen rheholoor* |
|---|---|---|
| Fi'n nyrs. | I'm a nurse. | *veen nuhrs* |
| Fi'n ysgrifenyddes. | I'm a secretary. | *veen uhsgrivenuhthes* |
| Fi'n athro. | I'm a teacher. | *veen athro* |
| Fi'n athrawes. | I'm a teacher. *(female)* | *veen athrahooehs* |
| Fi'n weinyddwr. | I'm an administrator. | *veen ooeheenuhthoor* |
| Fi'n adeiladwr. | I'm a builder. | *veen adeheeladoor* |
| Fi'n ddi-waith. | I'm unemployed. | *veen dde-ooaheeth* |
| Fi di ymddeol. | I'm retired. | *vee dee uhmthehol* |
| Fi'n wraig tŷ. | I'm a housewife. | *veen ooraheeg tee* |

## OTHER VARIATIONS

*All languages have more colloquial and more formal forms. You will find in other courses variations of forms given in this book. Some of these variations are more formal.*

*We will note throughout this book some of these variations.*

|  |  | **other forms** |
|---|---|---|
| ych chi | are you / you are | ydych chi; dych chi |
| dach chi | are you / you are | ydych chi; dych chi |
| dw i | I am / I'm | rydw i; ydw i |
| fi'n | I am / I'm | rydw i'n; dw i'n |

# 2 Say goodbye

## Greetings on leaving

You need to know these words:

| | |
|---|---|
| Hwyl | *hooeel* |
| Pob hwyl | *pob hooeel* |
| Hwyl fawr | *hooeel vahoor* |

All these mean goodbye.

Useful words:

| | | |
|---|---|---|
| Gweld | to see | *gooehld* |
| Yfory | tomorrow | *uhvohree / vohree* |
| Nes mlaen | later on | *nehs mlahn* |
| Heno | tonight | *hehno* |
| Ti | you | *tee* |

*(used when talking to someone you know well)*

| | | |
|---|---|---|
| Chi | you | *chee* |

*(used when talking to someone you don't know that well)*

| | | |
|---|---|---|
| Eto | again | *ehto* |
| Am y tro | for now | *am uh troh* |

You can now say:

| | | |
|---|---|---|
| Gweld ti | see you | *gooehld tee* |
| Gweld ti yfory | see you tomorrow | *gooehld te voree* |
| Gweld chi heno | see you tonight | *gooehld chee hehno* |

### You make up sentences:

| Gweld | ti | heno. |
|---|---|---|
| | chi | yfory. |
| | | nes mlaen. |
| | | eto. |

> Hwyl am y tro!
> Goodbye for now
> *Hooeel am uh troh*

Repeat and understand these people saying goodbye:

Hwyl am y tro!
     *Hwyl fawr!*
Gweld ti!
     *Gweld ti heno.*
Ie, gweld ti nes mlaen.
     *Hwyl am y tro!*
Hwyl!

**other forms**

| | | |
|---|---|---|
| gweld ti | see you | gwela i ti |
| gweld chi | see you | gwela i chi |

# 3 Ask someone out

## Are You? Do You?

You already know the word for 'you' for someone you know well:

**Ti**    you

Say it:

     **Ti**    *tee*

You also know that you use **chi** for someone you don't know that well:

**Chi**    you

Say it:

     **Chi**    *chee*

Words you need to know:

| | | |
|---|---|---|
| **dod** | to come / coming | *dohd* |
| **gyrru** | to drive / driving | *guhree* |
| **mynd** | to go / going | *mihnd* |
| **byw** | to live / living | *bihoo* |

> Ti'n werth y byd
> You're worth the world
> *Teen wehrth uh beed*

When saying Welsh words, the accent is almost always on the last but one syllable:

     **gy**rru   *guhree*

Now ask questions by linking **ti** or **chi** to the rest of the sentence with **'n**:

| | | |
|---|---|---|
| Ti'n dod? | Are you coming? | *teen dohd* |
| Ti'n gyrru? | Are you driving? / Do you drive? | *teen guhree* |
| Ti'n mynd? | Are you going? | *teen mihnd* |
| Chi'n dod? | Are you coming? | *cheen dohd* |
| Chi'n gyrru? | Are you driving? | *cheen guhree* |

Now you try:

| | |
|---|---|
| ti'n | dod? |
| chi'n | gyrru? |
| | mynd? |

> **i fod**   supposed to   *ee vohd*
> **Chi fod i ddod heno**
> You're supposed to come tonight

20

**Try some new words:**

| | | |
|---|---|---|
| yn | in | *uhn* |
| i'r | to the | *eer* |
| sinema | cinema | *sihnema* |
| dre | town | *dreh* |

**Ask these questions:**

Ti'n dod i'r dre?
*teen dohd eer dreh*
Are you coming to town?

Chi'n dod i'r sinema?
*cheen dohd eer sihnehma*
Are you coming to the cinema?

Ti'n mynd i'r sinema?
*teen mihnd eer sihnehma*
Are you going to the cinema?

Ti'n mynd i'r dre?
*teen mihnd eer dreh*
Are you going to town?

Chi'n gyrru i'r dre?
*cheen guhree eer dreh*
Are you driving to town?

Ti'n byw yn y dre?
*teen bihoo uhn uh dreh*
Do you live in town?

**Now answer:**

| | | |
|---|---|---|
| Ydw | Yes | *Uhdoo* |
| Na | No | *Nah* |

yn syth   straight away   *uhn seeth*
**Ti'n dod adre'n syth?**
Are you coming home straight away?
*teen dohd adrehn seeth*

**Now you try:**

| Ti'n | dod | i'r | dre? |
|---|---|---|---|
| Chi'n | mynd | | sinema? |
| | gyrru | | |
| | byw | yn y | dre? |

**Say, repeat and understand this conversation:**

Ti'n dod i'r dre?
> *Ydw, ti'n mynd?*

Ydw. Ti'n dod i'r sinema?
> *Ydw, ti'n mynd i'r sinema?*

Ydw.  Ti'n gyrru?
> *Na, ti'n gyrru?*

Ydw.
> *Ti'n werth y byd.*

**other forms**

| ti'n | you are | rwyt ti'n |
|---|---|---|
| chi'n | you are | rydych chi'n; dych chi'n |

# 4 Say what you're doing

## I am

You will need this to say what you're doing:

**Fi**     I

Say it:

**Fi**     *vee*

Join **fi** to the rest of the sentence with **'n**:

Fi'n mynd.     I'm going.
*veen mihnd*
Fi'n dod.     I'm coming.
*veen dohd*
Fi'n gyrru.     I'm driving.
*veen guhree*
Fi'n gweithio.     I'm working.
*veen gooeheethyo*
Fi'n byw.     I live.
*veen bihoo*
Fi'n siopa.     I'm shopping.
*veen shoppah*

Fi'n mynd i'r sinema.     I'm going to the cinema.
*veen mihnd eer sihnehma*
Fi'n mynd i'r dre.     I'm going to town.
*veen mihnd eer dreh*
Fi'n gyrru i'r dre.     I'm driving to town.
*veen guhree eer dreh*
Fi'n gweithio trwy'r bore.     I'm working all morning.
*veen gooeheethyo trooeer bohreh*
Fi'n gyrru i'r sinema.     I'm driving to the cinema.
*veen guhree eer sihnehma*

Trwy'r dydd
All day
*Trooeer deeth*

Trwy'r bore
All morning
*Trooeer boreh*

### Learn a few new words:

| | | |
|---|---|---|
| siop | shop | *shop* |
| coleg | college | *kohlehg* |
| gwaith | work | *gooaheeth* |
| a | and | *ah* |
| i'r | to the | *eer* |

Trwy'r nos
All night
*Trooeer nohs*

Fi'n mynd i'r dre a fi'n mynd i'r siop.
I'm going to town and I'm going to the shop.
*veen mihnd eer dreh ah veen mihnd eer shop*

**Fi'n gyrru i'r dre a fi'n mynd i'r sinema.**
I'm driving to town and I'm going to the cinema.
*veen guhree eer dreh ah veen mihnd eer sihnehma*
**Fi'n dod i'r coleg a fi'n mynd i'r gwaith.**
I'm coming to college and I'm going to work.
*veen dohd eer kohlehg ah veen mihnd eer gooaheeth*

### Now you try:

| Fi'n | mynd | i'r sinema. |
|------|------|-------------|
|      | dod  | i'r dre. |
|      | gyrru | i'r siop. |
|      |      | i'r gwaith. |

> **ar fai**
> at fault
> *ahr vahee*
>
> **fi ar fai**
> I'm at fault
> *vee ahr vahee*

### Make up more sentences:

| Fi'n | gweithio | trwy'r bore. |
|------|----------|--------------|
|      | siopa    | trwy'r nos. |
|      |          | trwy'r dydd. |

### Now see if you know the meaning of these words:

| cicio | to kick | bowlio | to bowl |
|-------|---------|--------|---------|
| trio | to try | stopio | to stop |
| teipio | to type | ffonio | to phone |
| sgorio | to score | postio | to post |

### Now make up sentences using these:

| Fi'n | dreifio | trwy'r bore. |
|------|---------|--------------|
|      | teipio  | trwy'r nos. |
|      | ffrio   | trwy'r dydd. |
|      | ffonio  |  |

> **wedyn**
> then
> *ooehdin*

### Say, repeat and understand this conversation:

Ti'n dod i'r dre?
> *Na, fi'n mynd i'r gwaith. Fi'n gweithio trwy'r bore.*

Ti'n gyrru i'r gwaith?
> *Na. Ti'n mynd i'r dre?*

Ydw, fi'n mynd i'r siop.
> *Ti'n siopa trwy'r dydd?*

Na, fi'n siopa trwy'r bore, wedyn fi'n mynd i'r sinema.

**other forms**

| fi'n | I'm / I am | rydw i'n; dw i'n |
|------|------------|------------------|
| ti'n | you're / you are | rwyt ti'n |
| chi'n | you're / you are | rydych chi'n; dych chi'n |

**23**

# 5 Say what you can and like to do

## I like, I can

**hoffi** to like *hophee*
**gallu** to be able / can
*gallee*

Just put what you can do or what you like to do after **gallu** or **hoffi**:

Fi'n hoffi gyrru.
I like driving.
*veen hophee guhree*

Fi'n hoffi mynd i'r dre weithiau.
I like going to town sometimes.
*veen hophee mihnd eer dreh ooeheethyeh*

Fi'n gallu gyrru.
I can drive.
*veen gallee guhree*

Fi'n gallu dod i'r sinema.
I can come to the cinema.
*veen gallee dohd eer sihnehma*

weithiau
sometimes
*ooeheethyeh*

Now you try:

| Fi'n | hoffi gallu | mynd gyrru | i'r dre. i'r siop. i'r sinema. i'r gwaith. |
|------|-------------|------------|---------------------------------------------|

Now ask what someone likes to do or can do:

Ti'n gallu dod?    Can you come?    *teen gallee dohd*

Ti'n gallu gyrru?    Can you drive?    *teen gallee guhree*

Chi'n hoffi gyrru?    Do you like driving?    *cheen hophee guhrree*

Ti'n hoffi mynd i'r sinema weithiau?
Do you like going to the cinema sometimes?
*teen hophee mihnd eer sihnehma ooeheethyeh*

Chi'n hoffi mynd i'r dre?
Do you like going to town?
*cheen hophee mihnd eer dreh*

Now you try:

| Ti'n | hoffi | mynd | i'r sinema |
|------|-------|------|------------|
| Chi'n | gallu | gyrru | i'r dre? |
| | | dod? | i'r gwaith? |

Say, repeat and understand this conversation:

Ti'n gallu dod i'r dre?
>*Na, fi'n mynd i'r gwaith.*

Ti'n hoffi mynd i'r gwaith?
>*Na, fi'n hoffi mynd i'r sinema, a fi'n hoffi mynd i'r dre weithiau.*

Ti'n gyrru i'r gwaith?
>*Ydw, fi'n gyrru. Ti'n gyrru i'r dre?*

Ydw, fi'n hoffi gyrru i'r dre weithiau. Weithiau fi'n dal y bws.

dal y bws

catch the bus

*dahl uh boos*

**other forms**

| ti'n? | do you / are you? | wyt ti'n? |
|-------|-------------------|-----------|
| chi'n? | do you / are you? | ydych chi'n? dych chi'n? |

# 6 Ask what someone likes or wants

## Do you like? Do you want?

Here are some new words:

| coffi | coffee | *kophee* |
|-------|--------|----------|
| te | tea | *teh* |
| gwin | wine | *gooeen* |
| cwrw | beer | *kooroo* |
| cyri | curry | *kuhree* |
| sglodion | chips | *sglodeeon* |
| pizza | pizza | *peetsah* |
| sgwosh | squash | *skoo-ohsh* |

Just put these words, or any other, after **hoffi**:

Ti'n hoffi coffi?   Do you like coffee?   *Teen hophee kophee*

Now you ask:

| Ti'n Chi'n | hoffi | coffi? te? gwin? cwrw? pizza? sglodion? |
|------------|-------|------------------------------------------|

plîs
please
*pleez*

diolch
thanks
*deeohlch*

A useful word:

**Moyn**   to want   *moeen*

Ti'n moyn coffi?   Do you want coffee?   *Teen moeen kophee*

Now you ask:

| Ti'n | moyn | coffi? te? gwin? cwrw? pizza? sglodion? |
|------|------|------------------------------------------|

dim diolch
no thanks
*dim deeohlch*

Answer:

| Ydw | Yes | *uhdoo* |
|---|---|---|
| Na | No | *nah* |

| Ydw, diolch | Yes, thanks | *uhdoo deeohlch* |
|---|---|---|
| Na, dim diolch | No, thanks | *nah, dim deeohlch* |
| Dim diolch | No, thanks | *dim deeohlch* |

## Ask the questions again and answer them.

## Now say what you want:

| Fi'n moyn coffi. | I want coffee. | *Veen moeen kophee* |
|---|---|---|

## Say what you want or like:

| Fi'n | moyn | coffi. |
|---|---|---|
| | hoffi | te. |
| | | gwin. |
| | | cwrw. |
| | | pizza. |
| | | sglodion. |

## Ask what do you want:

| Beth? *or* Be? | What? |
|---|---|
| *Behth* *Beh* | |

## Ask questions with 'beth':

| Be ti'n moyn? | What do you want? | *beh teen moeen* |
|---|---|---|
| Be chi'n moyn? | What do you want? | *beh cheen moeen* |

## Make up questions:

| Beth | ti'n | moyn? |
|---|---|---|
| Be | chi'n | hoffi? |

## Say, repeat and understand this conversation:

Helo! Ti'n moyn coffi?
> *Na, dim diolch.*

Beth ti'n moyn?
> *Fi'n moyn te. Ti'n moyn coffi?*

Ydw, diolch, fi'n moyn coffi. Ti'n moyn sglodion?
> *Ydw, diolch. Ti'n moyn sglodion?*

Dim diolch, fi'n moyn pizza.
> *Ti'n hoffi pizza?*

Ydw.
> *Fi'n hoffi sglodion.*

# 7 Say what you don't like

## I don't like

To say what you don't want or don't like, just add **ddim** after **fi**.

**Ddim**  not  *thim*
*('th' as in English 'this')*

Fi ddim yn hoffi coffi.
I don't like coffee.
*vee thim uhn hophee kophee*

Now you say what you don't like:

| Fi | ddim yn | hoffi | coffi. |
|----|---------|-------|--------|
|    |         |       | te. |
|    |         |       | gwin. |
|    |         |       | cwrw. |
|    |         |       | pizza. |
|    |         |       | sglodion. |

To say that you don't want something, use **moyn** instead of **hoffi**:

Fi ddim yn moyn coffi.
I don't want coffee.
*vee thim uhn moheen kophee*

ych a fi!

ugh!

*uhch ah vee*

Now you say what you don't want:

| Fi | ddim yn | moyn | coffi. |
|----|---------|------|--------|
|    |         |      | te. |
|    |         |      | gwin. |
|    |         |      | cwrw. |
|    |         |      | pizza. |
|    |         |      | sglodion. |

To ask someone if they don't want or like something, just use the same sentences, but with a question mark, asking as if it is a question:

**Ti ddim yn moyn coffi?**    You don't want coffee?
*tee thim uhn moheen kophee*
**Chi ddim yn hoffi te?**    You don't like tea?
*chee thim uhn hophee teh*

| Ti | ddim yn | moyn | coffi? |
|----|---------|------|--------|
| Chi | | hoffi | te? |
| | | | gwin? |
| | | | cwrw? |
| | | | pizza? |
| | | | sglodion? |

### Say what you really don't like:

**Ych a fi, fi ddim yn hoffi coffi.**
Ugh, I don't like coffee.
*uch ah vee, vee thim uhn hophee kophee*

| Ych a fi, | fi ddim yn | hoffi | coffi. |
|-----------|------------|-------|--------|
| | | | te. |
| | | | gwin. |
| | | | cwrw. |
| | | | pizza. |
| | | | sglodion. |

**te i fi**
tea for me
*teh ee vee*

**coffi i ti**
coffee for you
*kophee ee tee*

### Say, repeat and understand this conversation:

Fi ddim yn moyn te.
    *Ti ddim yn hoffi te?*
Na, ych a fi, fi ddim yn hoffi te.
    *Ti'n hoffi coffi?*
Ydw, fi'n moyn coffi, plîs. Ti ddim yn moyn coffi?
    *Na, dim diolch, fi ddim yn hoffi coffi, fi'n hoffi te.*
O wel, coffi i fi, te i ti.

### other forms

| fi ddim yn | I don't | dydw i ddim yn; dw i ddim yn |
|------------|---------|------------------------------|
| ti ddim yn | you don't | dwyt ti ddim yn |
| chi ddim yn | you don't | dydych chi ddim yn; dych chi ddim yn |

Say what you've done this morning

## I have, I've...

**Fi di**  *vee dee*

Words you need to know:

| cysgu | to sleep / slept | *kuhsgee* |
|-------|------------------|-----------|
| codi | to get up / got up | *kohdee* |
| gwisgo | to dress / dressed | *gooisgo* |
| cael | to have / had | *kaheel* |
| bwyta | to eat / eaten | *boo-eeta* |
| yfed | to drink / drunk | *uhvehd* |

Say these words again.

Now some further words:

| coffi | coffee | *kophee* |
|-------|--------|----------|
| paned | a cup | *pahned* |
| te | tea | *teh* |
| o de | of tea | *oh deh* |
| tost | toast | *tohst* |
| jam | jam | *jam* |
| marmalêd | marmalade | *marmalehd* |
| brecwast | breakfast | *brehkwast* |

> **yn barod**
>
> already, ready
>
> *uhn barod*

Say these words again.

Now say what you've done this morning:

Use **di** (*dee*) (equivalent of *has/have*) to join **fi** to the rest of the sentence:

Fi di cysgu          I've slept          *vee dee kuhsgee*
Fi di codi           I've got up         *vee dee kodee*
Fi di gwisgo         I've dressed        *vee dee gooisgoh*
Fi di cael paned o de     I've had a cup of tea
*vee dee kaheel pahned o deh*
Fi di cael coffi'n barod     I've had a coffee already
*vee dee kaheel kopheen bahrohd*
Fi di cael brecwast          I've had breakfast
*vee dee kaheel brehkooast*
Fi'n barod di bwyta tost     I've already eaten toast
*veen bahrohd dee boo-eeta tost*
Fi di yfed te          I've drunk tea          *vee dee uhvhed teh*

Now you have a go. Use a word or phrase from each column.

| Fi di<br>Fi'n barod di | cysgu.<br>codi.<br>gwisgo. | |
|---|---|---|
| | bwyta | brecwast.<br>tost. |
| | yfed | te.<br>coffi. |
| | cael | paned o de.<br>paned o goffi. |

e.g.     Fi di cael paned o de.
         Fi'n barod di yfed coffi.

Make up at least eight sentences.

You've got a 6-year-old child. She wants to tell you what she's done this morning.
Repeat and understand what she tells you:

Fi di codi a fi di gwisgo'n barod.
Fi di bwyta tost a jam yn barod!
Fi di cael *cornflakes* yn barod.
Fi di yfed orange juice.
Fi di bwyta grapefruit.

te i fi

tea for me

*teh ee vee*

Now she tells you what you've done. Repeat and understand:

Ti di codi a ti di gwisgo.
Ti di cael paned o goffi.
Ti di bwyta bara a marmalêd.
Ti di cael Weetabix yn barod.
Ti di yfed grapefruit juice.

bron yn...

almost...

*brohn uhn*

Say, repeat and understand this conversation:

Ti di codi?
         *Ydw, fi di codi. Ti di cael brecwast?*
Na, fi di cael paned o de. Ti di cael brecwast?
         *Na, dim eto, fi di cael paned o goffi yn barod.*
Ti'n moyn brecwast?
         *Ydw, plîs! Fi'n moyn brecwast!*
Ti'n barod?
         *Na, dim eto, fi bron yn barod.*

| | | other forms |
|---|---|---|
| di | have / has | wedi |
| fi di | I have | rydw i wedi; dw i wedi |
| ti di | you have | rwyt ti wedi |

## Where are you?

You've arranged to meet your friend in town, but can't find her. You phone her on your mobile.

Words you need to know:

| | | |
|---|---|---|
| **Ble?** | Where? | *bleh* |
| **Ble wyt ti** | Where are you? | |
| | | *bleh oeet tee* |
| **yn** | in | *uhn* |
| **wrth** | by | *oorth* |
| **ar** | on | *ahr* |
| **y dre** | the town | *uh dreh* |
| **y siop** | the shop | *uh shop* |
| **y farchnad** | the market | *uh varchnad* |
| **yr heol fawr** | the main street | |
| | | *uhr hehool vaoor* |
| **y sgwâr** | the square | *uh sgooahr* |

Ask the question:

**Ble wyt ti?** Where are you?

Here are some answers:

| | | |
|---|---|---|
| **Fi yn y dre** | I'm in town | *vee uhn uh dreh* |
| **Fi yn y siop** | I'm in the shop | *vee uhn uh shop* |
| **Fi yn M&S** | I'm in M&S | *vee uhn M&S* |

Or you can tell someone where they are:

| | | |
|---|---|---|
| **Ti wrth Next** | You're by Next | *tee oorth Next* |
| **Ti ar y stryd** | You're on the street | *tee ar y stryd* |

Now you make up sentences:

| | | |
|---|---|---|
| Fi | yn | y dre. |
| Ti | wrth | y siop. |
| | ar | y farchnad. |
| | | Abertawe. |
| | | River Island. |
| | | M&S. |
| | | y farchnad. |
| | | Next. |
| | | y sgwâr. |
| | | y stryd. |

> **ers amser**
>
> (since) a long time, for ages
>
> *ehrs ahmsehr*

## Some phrases you can add:

**ers amser**     since a long time, for ages     *ehrs ahmsehr*
**ers awr**     since / for an hour     *ehrs ahoor*
**ers hanner awr**     since/for half an hour     *ehrs hahnehr ahoor*
**ers tro**     for a while     *ehrs tro*

**Fi yn y dre ers awr.**
I'm in town since an hour. / I've been in town since an hour ago.
*vee uhn uh dreh ehrs ahoor*
**Fi yn y farchnad ers hanner awr.**
I'm in the market since half an hour.
*vee uhn uh vahrchnahd ehrs hahnehr ahoor*

Now make up sentences, saying how long you've been, or how long someone else has been, in these places:

| Fi | yn | y dre | ers amser |
| Ti | wrth | y siop | ers awr |
|  | ar | y farchnad | ers hanner awr |
|  |  | Abertawe | ers tro |
|  |  | River Island |  |
|  |  | M&S |  |
|  |  | y farchnad |  |
|  |  | Next |  |
|  |  | y sgwâr |  |
|  |  | y stryd |  |

Repeat and understand this conversation:

**Ble wyt ti?**
        *Fi yn Abertawe. Fi yn Abertawe ers awr!*
**Ble yn Abertawe? Ti ar y sgwâr?**
        *Na, fi yn y siop. Ble wyt ti?*
**Fi yn Abertawe hefyd. Ti wrth M&S?**
        *Na, fi yn River Island ers hanner awr.*
**Fi wrth M&S ers amser.**
        *Gweld ti toc!*
**Gweld ti!**

> **hefyd**
> also, as well, too
> *hehvid*

> **gweld ti toc**
> see you soon
> *gooehld tee tok*

### other forms

| **fi yn** | I'm in | rydw i yn; dw i yn |

33

# 10 Your breakfast and hers/his

## What have you had?

Ask 'what':

**Be** what *beh*

Ask 'when':

**Pryd** when *preed*

More words:

| | | |
|---|---|---|
| wy di berwi | boiled egg | |
| | *ooe dee behrwee* | |
| wy di ffrio | fried egg | |
| | *ooee dee phreeoh* | |
| wy di sgramblo | scrambled egg | |
| | *ooee dee sgrambloh* | |
| neud | to do | *neheed* |
| bore ma | this morning | |
| | *boreh mah* | |

**a** and *ah*
**ac** and *ahk*

(neud is short for *gwneud* – to do, to make)

### Ask what someone's had for breakfast:

| | | |
|---|---|---|
| Be ti di cael i frecwast? | What have you had for breakfast? | |
| | *beh tee dee kaheel ee vrekooast* | |
| Be ti di yfed? | What have you drunk? | *beh tee dee uhvehd* |
| Be ti di bwyta? | What have you eaten? | *beh tee dee booeetah* |
| Be chi di neud? | What have you done? | *beh chee dee neheed* |
| Be chi di neud bore ma? | What have you done this morning? | |
| *beh chee dee neheed bohreh mah?* | | |

### Now you try. Make up six questions:

| Be ti di | cael | i frecwast? |
|---|---|---|
| Be chi di | yfed | |
| | bwyta | |
| | neud | bore ma? |

> unwaith eto
>
> once again
>
> *ihnooaheeth ehto*

### Make up sentences to answer these, for example:

| | |
|---|---|
| Fi di cael wy di berwi i frecwast. | I've had a boiled egg for breakfast. |
| *vee dee kaheel ooee dee behrooee ee vrehkooast* | |
| Fi di yfed te unwaith eto. | I've drunk tea once again. |
| *vee dee uhvehd teh ihnooaheeth ehto* | |

Fi di bwyta tost ac wy di ffrio.
I've eaten toast and a fried egg.
*vee dee booeetah tohst ahk ooee dee phreeoh*
Fi di codi bore ma a fi di cael brecwast.
I've got up this morning and I've had breakfast.
*vee dee kohdee bohreh mah ah vee dee kaheel brehkooast*

### Now you try. Make up six sentences:

| Fi di | cael | te | i frecwast | unwaith eto. |
|-------|------|-----|-----------|--------------|
| | yfed | coffi | bore ma | |
| | bwyta | wy di berwi | | |
| | | wy di ffrio | | |

### Ask what you're eating:

| | |
|---|---|
| Be ti'n bwyta? | What are you eating? |
| *beh teen booeeta* | |
| Be ti'n yfed? | What are you drinking? |
| *beh teen uhvehd* | |
| Be ti'n neud? | What are you doing? |
| *beh teen neheed* | |
| Be chi'n bwyta? | What are you eating? |
| *beh cheen booeetah* | |

You have an early phone call with your partner.
Say, repeat and understand this telephone conversation:

Helo!
> *Helo!*

Beth ti di neud bore ma?
> *Fi di codi a fi di gwisgo!*

Ha, ha, a fi di gwisgo!
> *Beth ti di cael i frecwast?*

Fi di cael tost a jam, a coffi.
> *Coffi unwaith eto? Fi di cael paned o de. A fi di cael Cornflakes.*

Fi di cael Rice Crispies, a wy di berwi, unwaith eto.
> *Fi di cael wy di ffrio.*

Gweld ti toc!
> *Tan toc!*

**tan toc!**

till later

*tan tok*

### other forms

| di | have / has | wedi | |
|---|---|---|---|
| fi di | I have | rydw i wedi, dw i wedi | |
| ti di | you have | rwyt ti wedi | |
| wy di berwi | boiled egg | wy wedi'i ferwi | |
| wy di ffrio | fried egg | wy wedi'i ffrio | |
| wy di sgramblo | scrambled egg | wy wedi'i sgramblo | |
| neud | to do, to make | gwneud | |
| be ti'n...? | what are you...? | beth wyt ti'n...? | |
| be chi'n...? | what are you...? | beth ydych chi'n...? beth dych chi'n...? | |

35

# 11 You've lost it

## Where is?

You've lost your toothbrush, as well as other things. Your partner probably puts them away tidily, or your cleaner does this. So you've got to find out where they all are.

The main word you need for this is:

**Ble** where *bleh*

**Ble ma** where is *ble mah*

Words for things you want to find:

| brwsh | brush | *broosh* |
|-------|-------|----------|
| past dannedd | toothpaste | *past danehth* |
| sebon | soap | *sehbon* |
| tywel | towel | *tuhooehl* |

> **efallai**
>
> perhaps
>
> *ehvahlleh*

Where these things could be:

| llawr | floor | *llahoor* |
|-------|-------|-----------|
| bwrdd | table | *boorth* |
| cwpwrdd | cupboard | *koopoorth* |
| sinc | sink | *sink* |
| Drws | door | *droos* |

Useful words:

| ar | on | *ahr* |
|----|-----|-------|
| dan | under | *dan* |

> **siŵr o fod**
>
> probably
>
> *shoor oh vohd*

You now ask:

| Ble ma'r sebon? | Where's the soap? | *bleh mar sehbon* |
| Ble ma'r tywel? | Where's the towel? | *ble mar tuhooehl* |
| Ble ma'r past dannedd? | Where's the tooth paste? | *ble mar past danehth* |

Now you ask:

| Ble ma'r | brwsh? |
| --- | --- |
| | past dannedd? |
| | tywel? |
| | sebon? |

ar ben
all over
*ahr behn*

Ma hi ar ben
It's all over
*mah hee ahr behn*

To answer, use this pattern:

Ma fe dan y bwrdd.     It's under the table.
*Mah veh dan uh boorth*
Ma fe wrth y drws, efallai.  It's by the door, perhaps.
*Mah veh oorth uh droos, ehvalleh*
Ma fe yn y sinc, siŵr o fod. It's in the sink, probably.
*Mah veh uhn uh sink, shoor oh vohd*

Now you make up answers:

| Ma fe | yn | y sinc | efallai. |
| --- | --- | --- | --- |
| | | y cwpwrdd | siŵr o fod. |
| | | | wrth gwrs. |
| | dan | y bwrdd | |
| | | y sinc | |
| | wrth | y bwrdd | |
| | | y drws | |
| | | y sinc | |
| | ar | y bwrdd | |
| | | y llawr | |

wrth gwrs
of course
*oorth goors*

Now read, repeat and understand this conversation.
It's obviously too early for Aled:

Bore da, Aled!
    *Bore da, Meri. Ble mae'r sebon? Dan y bwrdd?*
Ma fe wrth y sinc, wrth gwrs!
    *Ble ma'r past dannedd?*
Ma fe wrth y sebon, siŵr o fod!
    *Ble ma'r tywel? Wrth y drws?*
Ma fe wrth y sinc, efallai?
    *Ble ma'r brwsh dannedd?*
Hyh! Ma fe wrth y past dannedd, siŵr o fod!

|  |  | **other forms** |
| --- | --- | --- |
| ma | is / are | mae |
| ble ma | where is / are | ble mae |
| fe | he / it | e; ef |

# Say what your partner has done

## Nice and Tasty

Guess what these mean:

Paned neis o de
Paned neis o goffi
Brecwast neis
Tost a jam neis
Brecwast grêt

Your partner has been complaining about his/her breakfast.
Convince her/him that the breakfast was great.

Ti di cael brecwast neis.
You've had a nice breakfast.
*tee dee kaheel brehkwahst nehees*

Ti di cael brecwast grêt.
You've had a great breakfast.
*tee dee kaheel brehkwahst greht*

Ti di cael te neis.
You've had a nice tea.
*tee dee kaheel teh nehees*

Ti di cael tost blasus.
You've had a tasty toast.
*tee dee kaheel tohst blahsis*

| grêt | great | *greht* |
| **neis** | nice | *nehees* |
| **blasus** | tasty | *blahsis* |

When talking to someone you know less well, use **chi**:

Chi di cael paned neis o de.
You've had a nice cup of tea.
*chee dee kaheel panehd nehees o deh*

Chi di yfed paned o goffi neis.
You've drunk a cup of nice coffee.
*chee dee uhvehd paned o goffee nehees*

Now you make up sentences. Make around eight:

| Ti di<br>Chi di | bwyta | brecwast<br>tost | neis.<br>grêt. |
| | yfed | te<br>coffi | blasus. |
| | cael | paned o de<br>paned o goffi<br>wy di berwi | |

You smell burning.
Say something about the standard of cooking.

| Ti di<br>Chi di | llosgi'r | tost.<br>sosban. |

Some more words:

| llosgi | to burn | *llosgee* |
| di llosgi | burnt | *dee llosgee* |
| na | no | *nah* |
| diar | dear | *deeahr* |

Now read, repeat and understand this conversation:

Ti di cael brecwast neis?
> *Hyh! Ti di llosgi'r tost! Fi di cael tost di llosgi.*
Ti di cael tost a jam neis!
> *Hyh! Fi di cael tost di llosgi a jam.*
Ti di cael wy di berwi blasus.
> *Diar! Ti di cael wy di berwi blasus, coffi neis a tost neis.*
A ti di cael coffi neis!
> *Grêt!*

**other forms**

| ti di | you have | rwyt ti wedi |
| chi di | you have | rydych chi wedi; dych chi wedi |

## Have you done?

While it's normal for you to ask your partner if he/she's done the dishes, washed the clothes, pre-pared the meal etc., don't expect a positive reply.

Here are some more words to start asking:

| | |
|---|---|
| neud | to do / done; to make / made |
| golchi | to wash / washed |
| postio | to post / posted |
| glanhau | to clean / cleaned |
| hwfro | to hoover / hoovered |
| paratoi | to prepare / prepared |
| gorffen | to finish / finished |
| dechrau | to start / started |
| smwddio | to iron / ironed |

Say them:

| | | |
|---|---|---|
| neud | *neheed* | (*in full* 'gwneud' *gooneheed*) |
| golchi | *gohlchee* | |
| glanhau | *glanhaee* | |
| hwfro | *hoovroh* | |
| paratoi | *paratoee* | |
| gorffen | *gorphehn* | |
| dechrau | *dechrahee* | |
| smwddio | *smoothyoh* | |

You'll need some more words:

| | | |
|---|---|---|
| llestri | dishes | *llehstree* |
| llawr | floor | *llahoor* |
| bwyd | food | *booeed* |
| gwaith | work | *gwaheeth* |
| gwely | bed | *gooehlee* |
| dillad | clothes | *dillahd* |
| carped | carpet | *kahrpehd* |
| y | the | *uh* |
| 'r | the | *r* |

**Now start asking:**

| | |
|---|---|
| **Ti di neud brecwast?** | Have you made breakfast? |
| *tee dee neheed brehkwast* | |
| **Ti di neud te?** | Have you made tea? |
| *tee dee neheed teh* | |
| **Chi di neud y llestri?** | Have you done the dishes? |
| *chee dee neheed uh llehstree* | |
| **Ti di golchi'r llestri?** | Have you washed the dishes? |
| *tee dee gohlcheer llehstree* | |
| **Ti di hwfro'r llawr?** | Have you hoovered the floor? |
| *tee dee hoovror llahoor* | |
| **Chi di paratoi bwyd?** | Have you prepared food? |
| *chee dee paratoee booeed* | |

**You ask the questions. Make up at least eight:**

| Ti di<br>Chi di | neud | brecwast<br>te<br>y llestri | eto? |
|---|---|---|---|
| | golchi'r | llestri<br>llawr<br>dillad | |
| | hwfro'r | llawr<br>carped | |
| | paratoi | brecwast<br>bwyd | |

> eto
> yet
> *ehtoh*

| | | |
|---|---|---|
| **Ydw** | yes | *uhdoo* |
| **Na** | no | *nah* |

**Your partner picks on you.**
**Answer *yes* or *no* to these:**

Ti di neud brecwast eto?
Ti di neud te?
Ti di neud y llestri eto?
Ti di golchi'r llestri?
Ti di hwfro'r llawr eto?
Ti di paratoi bwyd?

Have you been to?

| | |
|---|---|
| **Ti di bod i Gaerdydd?** | Have you been to Cardiff? |
| *tee dee bohd ee gaheerdeeth* | |
| **Fi di bod i Abertawe.** | I've been to Swansea. |
| *vee dee bohd ee ahbehrtaooeh* | |

**Ni di bod i Gastell-nedd.** We've been to Neath.
*nee dee bohd ee gastehll nehth*
**Chi di bod i'r dre?** Have you been to town?
*chee dee bohd eer dreh*

Now you try:

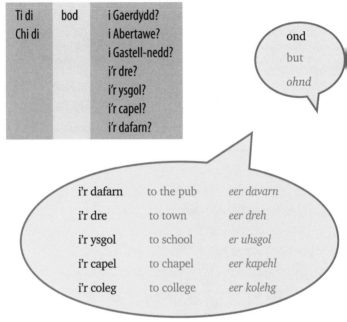

| Ti di | bod | i Gaerdydd? |
| --- | --- | --- |
| Chi di | | i Abertawe? |
| | | i Gastell-nedd? |
| | | i'r dre? |
| | | i'r ysgol? |
| | | i'r capel? |
| | | i'r dafarn? |

ond
but
*ohnd*

| i'r dafarn | to the pub | *eer davarn* |
| --- | --- | --- |
| i'r dre | to town | *eer dreh* |
| i'r ysgol | to school | *er uhsgol* |
| i'r capel | to chapel | *eer kapehl* |
| i'r coleg | to college | *eer kolehg* |

There is an argument again. Huw and Mari ask each other what they've done, knowing the other hasn't raised a finger.

Repeat and understand:

Ti di neud brecwast eto?
> *Na, fi di neud paned o de. Ti di neud paned o goffi i fi?*
Na, ond ti di golchi'r llestri?
> *Hyh! Ti di golchi'r dillad?*
Na, ond ti di golchi'r llawr eto?
> *Ti di hwfro'r carped?*
Na, ond ti di golchi'r car?
> *Golchi'r car? Na, ond fi di codi, a fi di gwisgo.*

**other forms**

| ti di? | have you? | wyt ti wedi? |
| --- | --- | --- |
| chi di? | have you? | ydych chi wedi? dych chi wedi? |

## Have you started doing?

Now ask if your friend / partner has started or finished doing something.

Words you will need:

| | | |
|---|---|---|
| **gorffen** | to finish, to end | *gorphehn* |
| **dechrau** | to start, to begin | *dechreh* |

Ti di dechrau neud bwyd?
*Have you started making food?*
*tee dee dechreh neheed booeed*
Ti di dechrau golchi'r llestri?
*Have you started washing the dishes?*
*tee dee dechreh golcheer llehstree*
Ti di dechrau hwfro?
*Have you started hoovering?*
*tee dee dechreh hoovroh*
Chi di gorffen neud bwyd o'r diwedd?
*Have you finished making food at last?*
*chee dee gorphehn neheed booeed ohr diooeth*
Chi di gorffen golchi'r llestri o'r diwedd?
*Have you finished washing the dishes at last?*
*chee dee gorphehn golcheer llehstree ohr diooeth*
Chi di gorffen hwfro o'r diwedd?
*Have you finished hoovering at last?*
*chee dee gorphehn hoovroh ohr diooeth*

You ask the questions. Make up at least eight:

| Ti di | dechrau | neud | brecwast? |
|---|---|---|---|
| Chi di | | | te? |
| | | | y llestri? |
| | | golchi'r | llestri? |
| | | | llawr? |
| | gorffen | | dillad? |
| | | hwfro'r | llawr? |
| | | | carped? |
| | | paratoi | brecwast? |
| | | | bwyd? |

o'r diwedd
*at last*
*ohr diooeth*

43

## Answering:

| Ydw | Yes | *uhdoo* |
|-----|-----|---------|
| Na | No | *nah* |
| *or* | | |
| Na'dw | | *nahdoo* |

You're henpecked by your partner.
Answer yes or no to these:

Ti di dechrau neud bwyd?
Ti di dechrau golchi'r llestri o'r diwedd?
Ti di dechrau hwfro?

Ti di gorffen neud bwyd?
Ti di gorffen golchi'r llestri?
Ti di gorffen hwfro o'r diwedd?

> dim eto
>
> not yet
>
> *dim ehtoh*

### Useful words:

| cwpan/-au | cup/-s | *koopan/koopaneh* |
|-----------|--------|-------------------|
| plât/platiau | plate/plates | *plaht/plahtyeh* |
| soser/-i | saucer/-s | *sohsehr/sohsehree* |
| cyllell/cyllyll | knife/-s | *kuhllell/kuhllill* |
| fforc/ffyrc | fork/-s | *phork/phihrk* |
| llwy/-au | spoon/-s | *llooee/llooeeheh* |

### Now ask:

| Ti di | golchi'r | cwpanau? |
|-------|----------|----------|
| | | platiau? |
| | | soseri? |
| | | cyllyll? |
| | | llwyau? |
| | | ffyrc? |

Say, repeat and understand this conversation:

Ti di dechrau neud bwyd o'r diwedd?
>    *Na, ti di dechrau hwfro?*

Ydw, fi di dechre hwfro'r mat.
>    *Hwfro'r mat? Hyh! Ti di dechrau hwfro'r carped?*

Na, dim eto. Ti di dechrau neud brecwast?
>    *Fi di gorffen neud y coffi.*

Gorffen neud y coffi? Hyh! Ti di gorffen neud y tost?
>    *Na dim eto, ond fi di gorffen golchi'r llestri o'r diwedd.*

## I haven't

Put **ddim** after **fi**:

Some words we will need:

| | |
|---|---|
| e-bostio | to e-mail / e-mailed |
| gweld | to see / seen |
| siarad â | to speak to / spoken to |
| cwrdd â | to meet / met |
| y fenyw | the woman |
| y ferch | the girl |
| y dyn | the man |
| y bachgen | the boy |

Now say them:

| | |
|---|---|
| e-bostio | ehbohstyo |
| gweld | gooehld |
| siarad â | sharahd ah |
| cwrdd â | koorth ah |
| y fenyw | uh vehnioo |
| y ferch | uh vehrch |
| y dyn | uh deen |
| y bachgen | uh bachgehn |

> erioed
> (n)ever
> *ehreeoyd*

Fi ddim di e-bostio.　　　　I haven't e-mailed.
*vee thim dee ehbostyo*
Fi ddim di cwrdd â Mari.　　I haven't met Mari.
*vee thim dee koorth ah maree*
Fi ddim di gweld y fenyw erioed.　I haven't seen the woman ever.
*vee thim dee gooehld uh vehnioo ehreeoyed*
Fi ddim di siarad â'r dyn erioed.　I've never spoken to the man.
*vee thim dee sharahd ahr deen ehreeoyed*

Now make up sentences. Try to make about six:

| Fi ddim di | siarad â'r | ferch | erioed. |
|---|---|---|---|
| | cwrdd â'r | fenyw | |
| | e-bostio'r | dyn | |
| | gweld y | bachgen | |
| | siarad â | Mari | |
| | cwrdd â | Huw | |

## Some useful words:

| heddiw | today | *hethee* |
|--------|-------|----------|
| ddoe | yesterday | *thohee* |

## Now deny these questions:    *example*

Ti di gweld Mari?                     Na, fi ddim di gweld Mari
Ti di e-bostio'r fenyw?
Ti di e-bostio Huw?
Ti di cwrdd â'r bachgen?
Ti di cwrdd â'r dyn?
Ti di cwrdd â'r fenyw?
Ti di e-bostio'r dyn?
Ti di gweld y fenyw?
Ti di gweld y ferch?
Ti di e-bostio Mari?

## You can make questions with **ddim**:

Ti ddim di gweld Mari?          You haven't seen Mari?
*tee thim dee gooehld maree*

Chi ddim di cwrdd â Huw?      You haven't met Huw?
*chee thim dee koorth ah huw*

## Now you make up questions:

| Ti ddim di | siarad â'r | ferch? |
|------------|------------|--------|
| Chi ddim di | cwrdd â'r | fenyw? |
| | e-bostio'r | dyn? |
| | gweld y | bachgen? |
| | siarad â | Mari? |
| | cwrdd â | Huw? |

## Say, repeat and understand this conversation:

Ti di gweld Mari heddiw?
> *Na, fi ddim di gweld Mari. Ti di cwrdd â Huw?*

Fi ddim di cwrdd â Huw.
> *Ti di e-bostio Huw?*

Na, fi ddim di e-bostio Huw erioed. A fi ddim di e-bostio Dewi.
> *Dewi? O, ti ddim di gweld Dewi?*

Ydw, ond fi ddim di e-bostio Alun a fi ddim di e-bostio Sion.

|  |  | other forms |
|--|--|-------------|
| fi ddim di | I haven't | dydw i ddim wedi; dw i ddim wedi |
| ti ddim di | you haven't | dwyt ti ddim wedi |
| chi ddim di | you haven't | dydych chi ddim wedi; dych chi ddim wedi |

# 16 Have a day off

## I'm not going...
## I'm going to...

It's Saturday – say what you're not going to do.

### Ddim yn   not   *ddihm uhn*

Fi ddim yn hwfro heddiw o gwbl.
I'm not hoovering today at all.
*vee ddihm uhn hoovroh heddeeh oh goobool*
Fi ddim yn golchi'r llestri.
I'm not washing the dishes.
*vee ddihm uhn golcheer llehstree*
Fi ddim yn golchi'r llawr.
I'm not washing the floor.
*vee ddihm uhn golcheer llahoor*
Fi ddim yn neud brecwast.
I'm not making breakfast.
*vee ddihm uhn neheed brehkooast*

Now think of your ideal Saturday. Say what you're not doing:

| Fi ddim yn | golchi'r | llestri llawr | heddiw. |
|---|---|---|---|
| | hwfro'r | carped llawr | |

What about saying what you're going to do and not going to do?

Use **mynd i** – *going to*

| mynd i | going to | *mihnd ee* |
|---|---|---|

You may notice that some words change a little when you use them after **mynd i**. Just use them as you see them here.

Fi'n mynd i hwfro'r llawr.
I'm going to hoover the floor.
*veen mihnd ee hoovror llahoor*
Fi'n mynd i olchi'r llestri ar unwaith.
I'm going to wash the dishes at once.
*veen mihnd ee ohlcheer llehstree ahr inooaheeth*
Fi'n mynd i neud wy di berwi.
I'm going to make a boiled egg.
*veen mihnd ee neheed ooee dee behrooee*

o gwbl
at all
*oh goobool*

Ti'n mynd i hwfro'r carped.
You're going to hoover the carpet.
*teen mihnd ee hoovror karpehd*
Ti'n mynd i yfed paned o de.
You're going to drink a cup of tea.
*teen mihnd ee uhvehd pahnehd oh deh*

ar unwaith

at once

*ahr inoohaeeth*

**Now you make up what you're going to do:**

| Fi'n<br>Ti'n | mynd i | hwfro'r | carped<br>car | ar unwaith. |
|---|---|---|---|---|
| | | olchi'r | | |
| | | yfed | paned o goffi<br>paned o de | |

**Now say what you're not going to do.**
**Use ddim yn.**

Fi ddim yn mynd i hwfro'r car.
I'm not going to hoover the car.
*vee ddihm uhn mihnd ee hoovro r kar*
Ti ddim yn mynd i yfed paned o de.
You're not going to drink a cup of tea.
*tee ddihm uhn mihnd ee uhvehd pahned oh deh*

| Fi ddim yn<br>Ti ddim yn | mynd i | hwfro'r<br>olchi'r | carped.<br>car. |
|---|---|---|---|
| | | yfed | paned o goffi.<br>paned o de. |

**You're discussing what you're going to do today.**
**Say, repeat and understand this conversation:**

Be ti'n mynd i neud heddi?
>    *Fi ddim yn mynd i hwfro, a fi ddim yn mynd i olchi'r car!*

Ti ddim yn mynd i olchi'r car?
>    *Na, fi'n mynd i yfed paned o goffi. Be ti'n mynd i neud?*

Fi ddim yn mynd i olchi llestri – fi'n mynd i gael brecwast ar unwaith.
>    *Ti'n mynd i neud brecwast?*

Na, ti'n mynd i neud brecwast!
>    *Fi? Hyh! Fi ddim yn mynd i neud brecwast, fi di neud*
>    *paned o goffi.*

**other forms**

| fi'n | I am | rydw i'n; dw i'n |
|---|---|---|
| ti'n | you're | rwyt ti'n |
| fi ddim yn | I'm not | dydw i ddim yn; dw i ddim yn |
| ti ddim yn | you're not | dwyt ti ddim yn |

# 17 Congratulate yourself: say what you've managed to do

## We've... You have...

You will need these words:

| ni | we |
|----|-----|
| chi | you |

Say them:

| ni | *nee* |
|----|-------|
| chi | *chee* |

We use **chi** with people we work with, or people who are not intimate friends or family. We also use **chi** when talking to more than one person, just as we use *you* in English.

### Useful words

| teipio | to type/typed | *teheepyo* |
|--------|---------------|------------|
| postio | to post/posted | *pohstyo* |
| e-bostio | to e-mail/e-mailed | *ehbohstyo* |
| ffonio | to phone/phoned | *phonyo* |
| cael | to have/had | *kaheel* |
| gweithio | to work/worked | *gweheethyo* |
| ffeilio | to file/filed | *pheheelyo* |
| gorffen | to finish/finished | *gorphen* |
| dechrau | to start/started | *dechreh* |
| llythyr | letter | *lluhthir* |
| llythyrau | letters | *lluhthuhreh* |

### Try these sentences:

**Ni di gorffen teipio.** We've finished typing.
*nee dee gorphehn taypyo*
**Ni di postio a ni di ffonio.** We've posted and we've phoned.
*nee dee pohstyo ah nee dee phohnyo*
**Chi di ffeilio'r llythyrau?** Have you filed the letters?
*chee dee pheheelyor lluhthuhreh*
**Chi di gorffen ffeilio.** You've finished filing.
*chee dee gohrphen pheheelyo*
**Chi di dechrau teipio.** You've started typing.
*chee dee dehchreh taypyo*
**Ni ddim di ffonio Mair.** We haven't phoned Mair.
*nee thim dee phohnyo maheer*

You're the boss at work. Ask your secretaries what they've done this morning:

| Beth chi di | neud | bore ma? |
|---|---|---|
| Chi di | teipio | pnawn ma? |
| | e-bostio | ddoe? |

They answer you. Make up their various answers:

| Ni di | dechrau | teipio | bore ma. |
|---|---|---|---|
| Ni ddim di | gorffen | postio | pnawn ma. |
| | | ffeilio | ddoe. |
| | | e-bostio | |
| | | ffonio | |
| | cael | paned o de | |
| | | paned o goffi | |

You're discussing the day's work with your secretaries. Say, repeat and understand this conversation:

Chi di gorffen teipio bore ma?
    *Gorffen teipio? Na, ni ddim di gorffen teipio, ni di ffonio.*
Chi di ffonio?
    *Ie, ni di gorffen ffonio bore ma.*
Chi di dechrau teipio?
    *Ie, ni di dechrau teipio a ni di dechrau ffeilio pnawn ma.*
Chi di postio?
    *Na, ni ddim di postio. Ni di e-bostio. Beth chi di neud bore ma?*
Fi? Fi di cael paned o goffi.
    *A be chi di neud pnawn ma?*
Fi di cael paned o de!

**bore ma**
this morning
*bohreh mah*

**pnawn ma**
this afternoon
*pnahoon mah*

**ddoe**
yesterday
*ddohee*

**bron** almost *bron*

**Ni bron di gorffen.**
We've almost finished.
*nee bron dee gorphehn*

### other forms

| be chi di | what have you | beth ydych chi wedi; beth dych chi wedi |
|---|---|---|
| ni di | we have | rydyn ni wedi; dyn ni wedi |
| chi di | you have | rydych chi wedi; dych chi wedi |
| ni ddim di | we haven't | dydyn ni ddim wedi; dyn ni ddim wedi |

## When? Time

Asking questions:

Pryd chi'n e-bostio?
*When are you e-mailing?*
*preed cheen ehbohstyo*

Pryd chi'n anfon e-bost?
*When are you sending an e-mail?*
*preed cheen anvohn ehbohst*

Pryd chi'n gorffen gweithio?
*When are you finishing working?*
*Preed cheen gorphehn gooaythyo*

Pryd chi di e-bostio?
*When have you e-mailed?*
*preed chee dee ehbohstyo*

Pryd chi di neud y gwaith?
*When did you do the work?*
*preed chee dee neheed uh gooayth*

Pryd chi di gweithio?
*When have you worked?*
*preed chee dee gooaythyo*

You will have noticed how much easier all this is in Welsh, compared to English.

Now you ask:

| Pryd | chi'n chi di | dechrau gorffen | e-bostio? gweithio? cael paned? ffonio? |
|------|--------------|-----------------|------------------------------------------|
|      |              | e-bostio? gweithio? cael paned? ffonio? neud y gwaith? | |

To answer, simply put **am** + the time after what you're doing:

| | |
|---|---|
| am naw o'r gloch | at nine o'clock |
| am ddeg o'r gloch | at ten o'clock |
| am un ar ddeg o'r gloch | at eleven o'clock |
| am ddeuddeg o'r gloch | at twelve o'clock |
| am un o'r gloch | at one o'clock |
| am ddau o'r gloch | at two o'clock |
| am dri o'r gloch | at three o'clock |
| am bedwar o'r gloch | at four o'clock |
| am bump o'r gloch | at five o'clock |

Now say them:

| | |
|---|---|
| am naw o'r gloch | *am nahoo ohr gloch* |
| am ddeg o'r gloch | *am thehg ohr gloch* |
| am un ar ddeg o'r gloch | *am een ar thehg ohr gloch* |
| am ddeuddeg o'r gloch | *am theheethehg ohr gloch* |
| am un o'r gloch | *am een ohr gloch* |
| am ddau o'r gloch | *am thahee ohr gloch* |
| am dri o'r gloch | *am dree ohr gloch* |
| am bedwar o'r gloch | *am bedooar ohr gloch* |
| am bump o'r gloch | *am bimp ohr gloch* |

**Fi'n gweithio am ddau o'r gloch.**
I'm working at two o'clock.
*veen gooeheethyo am thahee ohr glohch*

**Ni di e-bostio am dri o'r gloch.**
We've emailed at three o'clock.
*nee dee ehbohstyo am dree ohr glohch*

**Fi di gweithio bore ma.**
I've worked this morning.
*vee dee gooeheethyo bohreh mah*

**Ni di neud y gwaith ddoe.**
We did the work yesterday.
*nee dee neheed uh gooaheeth ddohee*

**Ni'n gweithio am dri o'r gloch.**
We're working at three o'clock.
*neen gooeheethyo am dree ohr gloch*

Other times:

| | |
|---|---|
| **Am chwech o'r gloch** | At six o'clock |
| *am chooehch ohr gloch* | |
| **Am saith o'r gloch** | At seven o'clock |
| *am saheeth ohr gloch* | |
| **Am wyth o'r gloch** | At eight o'clock |
| *am ooeeth ohr gloch* | |

Your secretaries answer you.

Make up around ten sentences:

| | | | | |
|---|---|---|---|---|
| Fi'n | gorffen | ffonio | am un | o'r gloch. |
| Ni'n | dechrau | e-bostio | am naw | |
| Fi di | | gweithio | am dri | |
| Ni di | | cael paned | am saith | |
| | | | am un ar ddeg | |
| | | | am wyth | |

You're getting angry with your secretaries because you think they're not working, so you ask them when they are doing or have done various things.

Say, repeat and understand this conversation:

Pryd chi di e-bostio?
> *E-bostio? Ni di e-bostio am naw o'r gloch bore ma.*

Pryd chi di dechrau ffonio?
> *Ni ddim yn ffonio, ni di e-bostio.*

Chi ddim di dechrau ffonio?
> *Na, ni di gorffen ffonio am ddeg o'r gloch.*

Pryd chi di gorffen ffeilio?
> *Ni di gorffen ffeilio am un ar ddeg o'r gloch.*

### other forms

pryd chi'n? when are you? pryd ydych chi'n? pryd dych chi'n?

pryd chi di? when did you? pryd ydych chi wedi? pryd dych chi wedi?

chi ddim di you haven't    dydych chi ddim wedi, dych chi ddim wedi

## Time Again

Numbers used with time:

| | | |
|---|---|---|
| 1 | un | *een* |
| 2 | dau / ddau | *dahee / ddahee* |
| 3 | tri / dri | *tree / dree* |
| 4 | pedwar / bedwar | *pehdooahr / behdooahr* |
| 5 | pump / bump | *pimp / bimp* |
| 6 | chwech | *chooehch* |
| 7 | saith | *saheeth* |
| 8 | wyth | *ooeeth* |
| 9 | naw | *nahoo* |
| 10 | deg / ddeg | *dehg / thehg* |
| 11 | un ar ddeg | *een ahr thehg* |
| 12 | deuddeg / ddeuddeg | *deheethehg / theheethehg* |
| 20 | ugain | *eegaheen* |
| 25 | pump ar hugain / bump ar hugain | *pimp ar heegaheen / bimp ar heegaheen* |

To say the time use this sentence pattern:

| | | |
|---|---|---|
| Ma hi'n | It is | *ma heen* |
| o'r gloch | o'clock | *ohr glohch* |
| Ma hi'n un o'r gloch. | It's one o'clock. | |
| *ma heen een ohr glohch* | | |
| Ma hi'n ddau o'r gloch. | It's two o'clock. | |
| *ma heen thahee ohr glohch* | | |

Now you try:

| Ma hi'n | | o'r gloch |
|---|---|---|
| | un | |
| | ddau | |
| | dri | |
| | bedwar | |
| | bump | |
| | saith | |
| | ddeg | |

diolch byth

thank goodness

*deeohlch bith*

| | | |
|---|---|---|
| **hanner awr wedi** | half past | *hahnehr ahoor ooehdee* |
| **hanner wedi** | half past | *hahnehr ooehdee* |
| **chwarter wedi** | quarter past | *chooahrtehr ooehdee* |
| **chwarter i** | quarter to | *chooahrtehr ee* |

**Ma hi'n hanner wedi deg.**   It's half past ten.
*ma heen hahnehr ooehdee dehg*
**Ma hi'n chwarter i dri.**   It's a quarter to three.
*ma heen chooahrtehr ee dree*

| Ma hi'n | chwarter i | un.<br>ddau.<br>dri.<br>bedwar.<br>ddeg. |
|---|---|---|
| | hanner wedi<br>chwarter wedi | un.<br>dau.<br>tri.<br>pedwar.<br>deg. |

**Ma hi'n ddeg munud i bedwar.**
It's ten minutes to four.
*ma heen thehg minid i bedooahr*
**Mae hi'n ddeg munud wedi tri.**
It's ten minutes past three.
*ma heen thehg minid ooehdee tree*
**Ma hi'n ugain munud i ddau.**
It's twenty minutes to two.
*ma heen eegaheen minid ee thahee*
**Ma hi'n ugain munud wedi pump.**
It's twenty minutes past five.
*ma heen eegaheen minid ooehdee pimp*

### Now you try:

| Ma hi'n | ddeg munud i<br>ugain munud i | un.<br>ddau.<br>dri .<br>bedwar.<br>ddeg. |
|---|---|---|
| | ddeg munud wedi<br>ugain munud wedi | un.<br>dau.<br>tri.<br>pedwar.<br>deg. |

To ask the time use:

Faint o'r gloch yw hi?
What's the time? (How much o'clock is it?)
*Vaheent ohr glohch ioo hee*
Faint o'r gloch yw hi nawr?
What's the time now?
*Vaheent ohr glohch ioo hee nahoor*
Am faint o'r gloch ma'r bws yn dod?
At what time does the bus come?
*Am vaheent ohr glohch mahr boos uhn dohd*

Now you say the time:

| | |
|---|---|
| **8.00** | **8.15** |
| **9.00** | **9.45** |
| **10.30** | **11.00** |
| **14.00** | **2.45** |
| **7.10** | **7.20** |
| **7.40** | **7.50** |

di torri

broken

*dee tohree*

Answers:

| | |
|---|---|
| Ma hi'n wyth o'r gloch. | Ma hi'n chwarter wedi wyth. |
| Ma hi'n naw o'r gloch. | Ma hi'n chwarter i ddeg. |
| Ma hi'n hanner wedi deg. | Ma hi'n un ar ddeg o'r gloch. |
| Ma hi'n ddau o'r gloch. | Ma hi'n chwarter i dri. |
| Ma hi'n ddeg munud wedi saith. | Ma hi'n ugain munud wedi saith. |
| Ma hi'n ugain munud i wyth. | Ma hi'n ddeg munud i wyth. |

Now say, repeat and understand the following conversation:

Faint o'r gloch yw hi?
> *Ma hi'n chwarter wedi wyth!*

Na, ma hi'n chwarter i naw!
> *Chwarter i naw? Ble ma'r cloc? Ma hi'n hanner awr wedi wyth ar y cloc.*

Ma'r cloc di torri! Faint o'r gloch yw hi ar y radio?
> *Ma Caryl ar y radio – mae hi'n ugain munud i naw.*

O diar, ugain munud i naw?
> *Ie, ac ma'r bws yn mynd am ddeg munud i naw.*

Na, ma'r bws yn mynd am bum munud i naw. Ti di codi?
> *Na, ond fi'n codi nawr.*

Diolch byth!

| **other forms** | | |
|---|---|---|
| ma hi'n | it's | mae hi'n |

## He has, she has, they have

The words we need to talk about others are these:

| | | |
|---|---|---|
| fe | he/him | *veh* |
| hi | she/her | *hee* |
| nhw | they/them | *noo* |

With these, we need to put a verb **ma** (is/are) before them.

Words we will need to use:

| | | |
|---|---|---|
| clywed | to hear/heard | *kluhooehd* |
| gadael | to leave/left | *gadehl* |
| cyrraedd | to arrive/arrived | *kuhraheedd* |
| mynd | to go/gone | *mihnd* |
| dod | to come/come | *dohd* |
| priodi | to get married/got married | *preeohdee* |

And two useful words:

| | | |
|---|---|---|
| nôl | back | *nohl* |
| adre | home | *adreh* |

> **ar fin**
> at the point of, about to
> *ahr veen*
>
> **Ma nhw ar fin ennill.**
> They're about to win.
> *ma nhw ahr veen ehnill*

Repeat these sentences:

| | | |
|---|---|---|
| Ma hi di gadael John. | She's left John. | *ma hee dee gadehl John* |
| Ma hi di dod adre. | She's come home. | *mah hee dee dohd adreh* |
| Ma Huw di gadael Mari. | Huw's left Mari. | *mah Huw dee gadehl Maree* |
| Ma fe di gadael Ann. | He's left Ann. | *mah veh dee gadehl Ann* |
| Ma fe di dod nôl. | He's come back. | *mah veh dee dohd nohl* |
| Ma Mari a Huw di priodi. | Huw and Mari have got married. | *mah maree ah hioo dee preeohdee* |
| Ma nhw di priodi. | They've got married. | *mah noo dee preeohdee* |
| Ma nhw di mynd. | They've gone. | *mah noo dee mihnd* |

You make up sentences:

| Ma | fe<br>hi<br>nhw | di | dod<br>cyrraedd<br>mynd | nôl.<br>adre. |
| | | | gadael<br>priodi | Huw.<br>Mari. |

**ar goll**
lost
*ahr goll*

**Ma hi ar goll**
She's lost
*mah hee ahr goll*

Use *he* and *her* without naming them:

| Ma hi di gadael fe. | She's left him. | *ma hee dee gadehl veh* |
| Ma fe di gadael hi. | He's left her. | *ma veh dee gadehl hee* |
| Ni di gweld nhw. | We've seen them. | *nee dee gooehld noo* |
| Ma nhw di gadael ni. | They've left us. | *ma noo dee gadehl nee* |

Now you try:

| Ma | fe<br>hi<br>nhw | di | gadael<br>gweld<br>priodi | hi.<br>ni.<br>nhw. |
| Ni<br>Chi | | | | |

**Beth**
What
*behth*

**o'r diwedd**
at last
*ohr dihooeth*

You overhear this conversation.
Repeat and understand it:

Ti di clywed?
> *Clywed beth?*

Ma Mari di gadael John!
> *Diar! Mae fe di gadel hi? A ma Liz di gadael Edgar.*

Liz di gadael fe? Diar, sgandal!
> *Ond ma Ifan di dod nôl.*

Nôl adre? Ond ma Elin a Marc di priodi.
> *Wel, wel, ma hi di priodi fe o'r diwedd!*

|  |  | **other forms** |  |
| ma fe di | he has | mae e wedi |
| ma hi di | she has | mae hi wedi |
| ma nhw di | they have | maen nhw wedi |
| gadael fe | leave/left him | ei adael e |
| gadael hi | leave/left her | ei gadael hi |
| gadael ni | leave/left us | ein gadael ni |
| gadael fi | leave/left me | fy ngadael i |
| gadael ti | leave/left you | dy adael di |
| gadael chi | leave/left you | eich gadael chi |

## It's fine

**Hi** *(she/it)* is used when talking about the weather.

| | |
|---|---|
| Ma hi'n braf. | It's fine. |
| *mah heen brahv* | |
| Ma hi'n bwrw glaw. | It's raining. |
| *mah heen booroo glahoo* | |
| Ma hi'n oer. | It's cold. |
| *mah heen oer* | |
| Ma hi'n boeth. | It's hot. |
| *mah heen boeth* | |
| Ma hi'n wlyb. | It's wet. |
| *mah heen wleeb* | |
| Ma hi'n sych. | It's dry. |
| *mah heen seech* | |

Now you try. Make up sentences about the weather, just in case you've nothing else to say:

| Ma | hi'n | braf. |
|---|---|---|
| | | oer. |
| | | bwrw glaw. |
| | | wlyb. |
| | | sych. |
| | | boeth. |

Useful phrases:

| heddi | today | *hethee* |
|---|---|---|
| bore ma | this morning | *boreh mah* |
| pnawn ma | this afternoon | *pnahoon mah* |
| heno | this evening | *henoh* |

Now make up sentences with these phrases:

| Ma | hi'n | braf | heddi. |
|---|---|---|---|
| | | oer | bore ma. |
| | | bwrw glaw | pnawn ma. |
| | | wlyb | heno. |
| | | sych | |
| | | boeth | |

Now ask what the weather is like.
**Ydy?** means *is?*:

| Ydy | Is | *uhdee* |

Just put **ydy** instead of **ma**:

Ydy hi'n braf?     Is it fine?
*uhdee heen brahv*
Ydy hi'n bwrw glaw?     Is it raining?
*uhdee heen booroo glahoo*

Now you ask questions:

| Ydy | hi'n | braf? |
| | | oer? |
| | | bwrw glaw? |
| | | wlyb? |
| | | sych? |
| | | boeth? |

Answer:

| Ydy | Yes | *uhdee* |
| Na | No | *nah* |

Answer these questions:

Ydy hi'n bwrw glaw heddi?
Ydy hi'n braf heddi?

> Ma hi'n bwrw glaw yn gas.
>
> It's raining badly.
>
> *ma heen booroo glahoo uhn gahs*

The word for *now* is **nawr**:

| Nawr | now | *nahoor* |

Now you make up questions:

| Ydy | hi'n | braf | heddiw? |
| | | oer | nawr? |
| | | bwrw glaw | bore ma? |
| | | wlyb | pnawn ma? |
| | | sych | v heno? |
| | | boeth | |

| | | **other forms** |
|---|---|---|
| heddi | today | heddiw |

60

## It isn't fine

You've already used **ddim** or **ddim yn** for *not* or *isn't*.

If you disagree about the weather, use **ddim** after **ma h**i:

Ma hi ddim yn braf.
It isn't fine.
*ma hee thim uhn brahv*
Ma hi ddim yn bwrw glaw.
It isn't raining.
*ma hee thim uhn booroo glahoo.*

Now you make up sentences:

| Ma | hi | ddim yn | braf. |
|----|----|---------|-------|
| | | | oer. |
| | | | bwrw glaw. |
| | | | wlyb. |
| | | | sych. |
| | | | boeth. |

> Ma hi'n wyntog.
> It's windy.
> *ma heen oointog*

You will also hear **dydy** or **dyw** as the first word in this sentence. You are likely to hear any of these, so it's good to know them.

dydy    *duhdee*    dyw    *dioo*

Once again, make up sentences using either one of these forms:

| Ma | hi | ddim yn | braf. |
|------|----|---------|-------|
| Dyw | | | oer. |
| Dydy | | | bwrw glaw. |
| | | | wlyb. |
| | | | sych. |
| | | | boeth. |

**A few new phrases:**

| | | |
|---|---|---|
| o gwbl | at all | *oh goobl / oh goobool* |
| ofnadwy | awfully | *ovnadoo / ovnadooee* |

**Ma hi'n boeth ofnadwy.**
It's awfully hot.
*ma heen boheeth ovnadoo*
**Ma hi ddim yn oer o gwbl.**
It's not cold at all.
*ma hee thim uhn oheer oh goobl*

**Now repeat and understand this conversation:**

**Ma hi'n braf heddiw.**
> *Braf? Na, ma hi'n oer. Ma hi ddim yn braf o gwbl.*
**Ma hi ddim yn oer! Ma hi'n braf iawn.**
> *Ble ti'n byw? Ti'n byw yn Affrica?*
**Fi'n byw yn Aberystwyth! Ble ti'n byw? Yn y *North Pole*?**

**Make comments about the weather in these pictures: what's the weather like? What it isn't like?**

## Is able to...

You and your partner are worried about your children, who are ill.

Some words you need to know:

| | |
|---|---|
| **plentyn** *plehntin* | child |
| **plant** *plant* | children |
| **'r bachgen** *r bachgehn* | the boy |
| **'r ferch** *r vehrch* | the girl |
| **sâl** *sahl* | ill |
| **bwyta** *booeeta* | to eat |
| **yfed** *uhvehd* | to drink |
| **mynd allan** *mihnd allan* | to go out |
| **aros yn y gwely** *aros uhn uh gooehlee* | to stay in bed |
| **cysgu** *kuhsgee* | to sleep |
| **gwella** *gooehlla* | to get better |

The doctor calls and asks these questions:

| | |
|---|---|
| **Ydy e'n sâl?** *uhdee ehn sahl* | Is he ill? |
| **Ydy'r bachgen yn bwyta?** *uhdee ehn booeeta* | Is the boy eating? |
| **Ydy hi'n gallu yfed?** *uhdee heen gallee uhved* | Can she drink? |
| **Ydyn nhw'n gallu cysgu?** *uhdihn noon gallee kuhsgee* | Can they sleep? |

63

Repeat these questions, then make up your own:

| | |
|---|---|
| Ydy e'n | sâl? |
| Ydy hi'n | gwella? |
| Ydyn nhw'n | aros yn y gwely? |
| Ydy'r bachgen yn | mynd allan? |
| Ydy'r ferch yn | gallu bwyta? |
| Ydy'r plant yn | gallu yfed? |

*Yes*
When answering **ydy**, *yes* = **ydy**
When answering **ydyn**, *yes* = **ydyn**
When answering **ydy** when talking about more than
one person, *yes* = **ydy**n

*No* = **Na**

Answer *yes* and *no* to these:

Ydy'r bachgen yn sâl?
Ydy'r ferch yn gwella?
Ydy'r plant yn gwella?
Ydyn nhw'n sâl?
Ydyn nhw'n gallu bwyta?
Ydy hi'n gallu yfed?

i gyd
all
*ee geed*

Ma'r bobl i gyd yn sâl.
All the people are ill.
*mahr bobol ee geed uhn sahl*

Now say what he, she or they can do:

Ma fe'n gallu yfed.      He can drink.
*ma vehn gallee uhved*

Ma'r bachgen yn gallu bwyta.      The boy can eat.
*mar bachgehn uhn gallee booeeta*

Ma'r bobl yn gallu aros.      The people can stay.
*mar bobol uhn gallee ahros*

Make up your own sentences:

| | |
|---|---|
| Ma fe'n | sâl. |
| Ma hi'n | gwella. |
| Ma'r bachgen yn | aros yn y gwely. |
| Ma'r ferch yn | mynd allan. |
| Ma nhw'n | gallu bwyta. |
| | gallu yfed. |

Now say what he, she or they cannot do.
Remember that **dyw** can take the place of **ma** when we use **ddim**.

| | |
|---|---|
| Ma fe ddim yn gallu bwyta. | He can't eat. |
| *ma veh thim uhn gallee booetah* | |
| Dyw hi ddim yn gallu cysgu. | She cannot sleep. |
| *dioo hee thim uhn gallee kuhsgee* | |
| Ma nhw ddim yn gallu yfed. | They can't drink. |
| *ma noo thim uhn gallee uhved* | |
| Dyw'r ferch ddim yn gallu cysgu. | The girl can't sleep. |
| *dioor vehrch thim uhn gallee kuhsgee* | |

Now make up your own answers:

| Ma<br>Dyw | fe<br>hi<br>nhw | ddim yn | gallu | yfed.<br>bwyta.<br>cysgu. |
|---|---|---|---|---|
| Ma'r<br>Dyw'r | bachgen<br>ferch<br>plant | | | mynd allan. |

Now repeat and understand what a doctor asks, and the answers he gets:

Bore da!
> *Bore da!*

Ydy'r plant yn sâl?
> *Ydyn. Ma'r ferch ddim yn gallu bwyta, a ma'r bachgen ddim yn gallu yfed.*

Ydyn nhw'n mynd allan?
> *Na. Ma nhw'n aros yn y gwely!*

Ydyn nhw'n gallu cysgu?
> *Ma nhw'n cysgu'r trwy'r dydd!*

trwy'r dydd

all day

*trooeer deeth*

o le    wrong

Ma rhywbeth o le.

Something is wrong.

*mah rhioobehth oh leh*

## He has, he hasn't

| gwella | to get better |
|---|---|
| *gooehlla* | |
| **cymryd** | to take |
| *kuhmrid* | |
| **moddion** | medicine |
| *mothyon* | |
| **ond** | but |
| *ohnd* | |

The doctor calls again in a week to ask if the children are better.

Here are some questions:

**Ydyn nhw di gwella?**

Have they got better?
*uhdin noo dee gooehlla*

**Ydy e di cymryd y moddion?**

Has he taken the medicine?
*udhee eh dee kuhmrid uh mothyon*

**Ydy'r ferch di mynd allan?**

Has the girl gone out?
*uhdeer vehrch dee mihnd allan*

Now you ask similar questions:

| | | |
|---|---|---|
| Ydy e | di | gwella? |
| Ydy hi | | aros yn y gwely? |
| Ydyn nhw | | mynd allan? |
| Ydy'r bachgen | | cymryd y moddion? |
| Ydy'r ferch | | |
| Ydy'r plant | | |

*Yes =* **ydy, ydyn**
*No =* **na**

You now answer the doctor:

**Ma'r ferch di gwella, ond ma'r bachgen yn y gwely.**
The girl has got better but the boy is in bed.
*mahr vehrch dee gooehlla ohnd mahr bachgehn uhn uh gooehlee*
**Ma nhw ddim di cymryd y moddion.**
They haven't taken the medicine.
*mah noo thim dee kuhmrid uh mothyon*
**Ma fe ddim di aros yn y gwely.**
He hasn't stayed in bed.
*mah veh thim dee aros uhn uh gooehlee*

Now you make up more answers:

| Ma | fe | di | gwella. |
|------|---------|---------|------------------|
| | hi | | aros yn y gwely. |
| | nhw | | mynd allan. |
| | | ddim di | cymryd y moddion. |
| Ma'r | bachgen | | |
| | ferch | | |
| | plant | | |

Repeat and understand this conversation between the doctor and the anxious parent:

**Ydyn nhw di gwella?**
> *Na, ma nhw ddim di gwella. Ma nhw yn y gwely!*
**Ydy'r ferch di mynd allan?**
> *Na, y ffŵl, ma hi di aros yn y gwely!*
**Ydy'r bachgen di cymryd y moddion?**
> *Ydy, ma fe. Ond ma fe ddim di gwella.*

| | | other forms |
|-----------------|---------------|-------------------------------------|
| ma fe ddim di | he hasn't | dydy e ddim wedi; dyw e ddim wedi |
| ma fe | he's | mae e |
| ma'r plant | the children are | mae'r plant |

## I have a cold

This time you say what's wrong, and get a diagnosis.

| | |
|---|---|
| **gwres** | temperature |
| *goorehs* | |
| **tost** | ill / bad |
| *tohst* | |
| **sâl** | ill |
| *sahl* | |
| **cefn tost** | bad back |
| *kehvn tohst* | |
| **bola tost** | bad stomach |
| *bolah tohst* | |
| **llwnc tost** | sore throat |
| *lloonk tohst* | |
| **ffliw** | flu |
| *phlioo* | |
| **annwyd** | cold |
| *anooid* | |
| **peswch** | cough |
| *pehsooch* | |
| **'da** | with/got |
| *dah* | |

Ma pen tost 'da fi.

I've got a headache.

*Mah pehn tost dah vee*

**Notice how we use these:**

Ma gwres 'da fi.
I've got a temperature.
*ma goorehs dah vee*
Ma cefn tost 'da ti.
You've got a bad back.
*ma kehvn tohst dah tee*
Ma ffliw 'da nhw.
They've got flu.
*ma phlioo dah noo*

In north Wales say:

Mae cur pen gen i.

I've got a headache.

*Mahee keer pehn gehn ee*

Now you make up sentences to say what's wrong with whom:

| Ma | gwres | 'da | fi. |
|----|-----------|-----|--------|
|    | cefn tost |     | ti. |
|    | bola tost |     | fe. |
|    | llwnc tost |    | hi. |
|    | ffliw |         | ni. |
|    | annwyd |        | chi. |
|    | peswch |        | nhw. |
|    | pen tost |      | Harri. |
|    |           |     | Mair. |

To ask a question, just replace **ma** with **oes**:

| Oes? | Is there? | *ohs* |
|------|-----------|-------|

Oes bola tost 'da fe?
Has he got a bad stomach?
*ohs bohlah tohst dah veh*
Oes llwnc tost 'da Mair?
Has Mair got a sore throat?
*ohs lloonk tohst dah maheer*

| Oes | yes | *ohs* |
|-----|-----|-------|
| Na | no | *nah* |

Now you ask what they've got.
Make up about eight questions:

| Oes | gwres | 'da | fi? |
|-----|-----------|-----|--------|
|     | cefn tost |     | ti? |
|     | bola tost |     | fe? |
|     | llwnc tost |    | hi? |
|     | ffliw |         | ni? |
|     | annwyd |        | chi? |
|     | peswch |        | nhw? |
|     | pen tost |      | Harri? |
|     |           |     | Mair? |

## Sdim –  haven't / hasn't

Sdim gwres 'da fi.　　　　I haven't got a temperature.
*sdim goorehs dah vee*
Sdim ffliw 'da ti.　　　　You haven't got flu.
*sdim phlioo dah tee*

Now you say what they haven't got. Make up around eight sentences:

| Sdim | gwres | 'da | fi. |
|------|-------|-----|-----|
|      | cefn tost |  | ti. |
|      | bola tost |  | fe. |
|      | llwnc tost |  | hi. |
|      | ffliw |  | ni. |
|      | annwyd |  | chi. |
|      | peswch |  | nhw. |
|      | pen tost |  | Harri. |
|      |       |     | Mair. |

Now repeat and understand this conversation between a doctor and an anxious parent:

Oes annwyd 'da Huw?
　　　　*Na, sdim annwyd 'da fe, ond ma peswch 'da fe.*
Oes tymheredd 'da fe?
　　　　*Oes, ma gwres 'da fe, ac ma llwnc tost 'da fe.*
Oes cefn tost 'da fe?
　　　　*Na, ond ma bola tost 'da fe.*
Wel, ma ffliw 'da fe.

|       |              | **other forms** |
|-------|--------------|-----------------|
| 'da   | with/got     | gyda            |
| sdim  | hasn't/haven't | does dim      |

70

## I've got

You and your partner are packing to go away for the weekend.

Some useful words:

| Welsh | Pronunciation | English |
|---|---|---|
| **sebon** | *sehbon* | soap |
| **past dannedd** | *pahst danehth* | toothpaste |
| **tei** | *tehee* | tie |
| **siwt** | *sihoot* | suit |
| **sanau** | *sahneh* | socks, stockings |
| **crys** | *krees* | shirt |
| **blows** | *blohoos* | blouse |
| **esgidiau** | *sgidyeh* | shoes |
| **map** | *map* | map |
| **pans** | *pans* | pants |
| **nics** | *niks* | nicks |
| **trowsus** | *trohoosis* | trousers |
| **sgert** | *sgehrt* | skirt |
| **cês** | *kehs* | case |

Say what you've got, what you haven't got and ask what your partner has got in the case:

**Ma esgidiau 'da fi.**
*ma sgidyeh dah vee*
I've got shoes.

**Sdim map 'da fi.**
*sdim map dah vee*
I haven't got a map.

**Oes crys 'da ti?**
*ohs krees dah tee*
Have you got a shirt?

**Oes blows 'da ti?**
*ohs blohoos dah tee*
Have you got a blouse?

Now you make up questions and answers. Make about ten:

| Oes | sebon | 'da | fi. |
|-----|-------|-----|-----|
| Mae | crys | | ti. |
| Sdim | blows | | |
| | sanau | | |
| | esgidiau | | |
| | pans | | |
| | nics | | |
| | trowsus | | |
| | siwt | | |
| | sgert | | |

You can now add 'yn y ces' – 'in the case':

Oes map 'da ni yn y ces?
Have we got a map in the case?
*ohs map dah nee uhn uh kehs*

Now you make up about ten sentences and questions including 'yn y ces':

| Oes | sebon | 'da | fi | yn y ces. |
|-----|-------|-----|-----|-----------|
| Mae | crys | | ti | |
| Sdim | blows | | ni | |
| | sanau | | | |
| | esgidiau | | | |
| | pans | | | |
| | nics | | | |
| | trowsus | | | |
| | sgert | | | |

Repeat and understand the following conversation between the two partners:

Oes blows 'da ti yn y ces?
> *Na, sdim blows 'da fi, ond ma nics 'da fi.*

Oes esgidiau 'da ti?
> *Oes. Ac ma sgert 'da fi. Oes trowsus 'da ti?*

Oes, ma trowsus, ac ma pans 'da fi.
> *Ni'n mynd nawr.*

Na, sdim past dannedd 'da fi! Ble mae'r past dannedd?
> *Mae e wrth y sinc!*

## Who has

| Pwy | Who | *pooee* |
|-----|-----|---------|
| sy'n | is | *seen* |
| sy di | has | *see dee* |

**Pwy sy di teipio?**
Who has typed?
*pooee see dee teheepyo*
**Pwy sy di postio?**
Who has posted?
*pooee see dee pohstyo*
**Pwy sy'n gweithio?**
Who is working?
*pooee seen gweheethyo*
**Pwy sy'n dechrau?**
Who is starting?
*pooee seen dehchreh*

Now you ask who is doing what:

| Pwy | sy'n | dechrau | gweithio? |
|-----|------|---------|-----------|
|     | sy di | gorffen | teipio? |
|     |      |         | ffonio? |
|     |      |         | e-bostio? |

To answer, put **fi** or **ni** or **chi** or someone's name
instead of **pwy**.
Make up answers:

| Fi | sy'n | dechrau | gweithio. |
|----|------|---------|-----------|
| Ni | sy di | gorffen | teipio. |
| Chi |     |         | ffonio. |
| Siân |    |         | e-bostio. |

Similarly you can ask who is not doing something:

**Pwy sy ddim di dechrau gweithio?**
Who hasn't started working?
*pooee see ddihm dee dehchreh gooeheethyo*

Pwy sy ddim yn teipio bore ma?
Who isn't typing this morning?
*pooee see ddihm uhn teheepyo boreh ma*

**Make up questions to ask your staff:**

| Pwy sy | ddim yn<br>ddim di | dechrau<br>gorffen | gweithio.<br>teipio.<br>ffonio.<br>e-bostio. |
|--------|---------|----------|-----------|

**Say to whom the letter has been written:**

| at Ifan | to Ifan | *at eevan* |
|---------|---------|------------|
| ato fe | to him | *ato veh* |
| ati hi | to her | *atee hee* |
| aton ni | to us | *aton ni* |
| atyn nhw | to them | *atihn nhoo* |

Ma fe di sgrifennu'r llythyr ati hi.
He's written the letter to her.
*mah veh dee sgrivehneer lluhthir atee hee*
Ni di anfon y llythyr atyn nhw.
We've sent them the letter.
*nee dee anvon uh lluhthir atin noo*
Fi di anfon y gwaith ato fe.
I've sent him the work.
*vee dee anvon uh gooaheeth ato veh*

| Ma fe<br>Ni<br>Chi | di | ysgrifennu'r<br>anfon | llythyr<br>gwaith | ati hi.<br>atyn nhw.<br>atoch chi. |
|--------|-----|-------------|----------|-----------|

**Say about who you're writing or talking:**

| am Siân | about Siân | *am Shahn* |
|---------|------------|------------|
| amdano fe | about him | *amdano veh* |
| amdani hi | about her | *amdanee hee* |
| amdanyn nhw | about them | *amdanin noo* |

Fi di ysgrifennu amdanyn nhw.
I've written about them.
*vee dee uhsgrivenee amdanin noo*
Ni di siarad amdani hi.
We've spoken about her.
*nee dee sharad amdanee hee*
Chi di clywed amdano fe?
Have you heard about him?
*chee dee kluhooehd amdano veh*

| | | | |
|---|---|---|---|
| gwrando ar | to listen to | *goorandoo ar* |
| rhoi i | to give to | *rhoy ee* |
| arnat ti | to you | *arnat tee* |
| arnon ni | to us | *arnon nee* |
| iddo fe | to him | *eetho veh* |
| iddi hi | to her | *eetha hee* |

**Fi'n gwrando arnat ti.**      I'm listening to you.
*veen goorando arnat tee*
**Ma nhw'n gwrando arnon ni.**    They're listening to us.
*ma noon goorando arnon nee*
**Fi di rhoi'r gwaith iddi hi.**     I've given the work to her.
*vee dee rhoeer gooaheeth eethee hee*

siarad â
to speak to
*sharad ah*

### Now you try:

| Ma fe | di | ysgrifennu | amdanyn nhw |
|---|---|---|---|
| Ni | 'n | clywed | amdani hi |
| Chi | | siarad | amdano fe |
| | | gwrando | arnyn nhw |
| | | | arni hi |
| | | | arnoch chi |

You and your colleagues are discussing who should do what.

Say, repeat and understand this conversation:

Pwy sy'n teipio bore ma?
     *Fi sy'n teipio. Fi di gwrando arnoch chi.*
Chi ddim di gorffen?
     *Na, ond fi di anfon y llythyrau atyn nhw.*
Pwy sy ddim di dechrau teipio?
     *Ma nhw ddim di dechrau, ond fi di siarad â nhw.*
Chi di ffonio Banc Lloyds?
     *Ydw, fi di ffonio nhw, a fi di ysgrifennu atyn nhw.*
Pwy sy di gwneud y ffeilio?
     *Siân sy di ffeilio, ond ma Siân ddim di gorffen.*
Beth? Ddim di gorffen?
     *Na, ma hi ddim di gorffen, ond ma hi di dechrau.*

## To be able, to fail, to like

Use words in pairs:

gorffen
dechrau

**gorffen darllen**
to finish reading
*gorphehn darllehn*
**dechrau sgrifennu**
to start writing
*dehchreh sgrihvehnee*

Here are three more; you know two of them already:

| | | |
|---|---|---|
| **gallu** | to be able | *gahllee* |
| **methu** | to fail | *mehthee* |
| **hoffi** | to like | *hohphee* |

| | |
|---|---|
| **gallu teipio** | to be able to type |
| *gahllee teheepyo* | |
| **methu teipio** | to fail to type |
| *mehthee teheepyo* | |
| **hoffi gweithio** | to like to work |
| *hohphee gooeheethyo* | |

| | | |
|---|---|---|
| **a** | and | *ah* |
| **ond** | but | *ohnd* |

You want to know what your staff can do, or like doing:

**Pwy sy'n hoffi ffonio?**
Who likes phoning?
*pooee seen hohphee phohnyo*
**Pwy sy'n gallu teipio?**
Who can type?
*pooee seen gahllee teheepyo*

Pwy sy'n methu teipio?
Who cannot type?
*pooee seen methee teheepyo*
Pwy sy ddim yn gallu teipio?
Who cannot type?
*pooee see thihm uhn gahllee teheepyo*

Make up questions ready for a meeting with the staff:

| Pwy | sy'n<br>sy ddim yn | gallu<br>methu<br>hoffi | teipio?<br>ffonio?<br>e-bostio?<br>sgrifennu? |
|-----|--------------------|-------------------------|-----------------------------------------------|

The office manager asks the staff what they like doing.
Say, repeat and understand the questions and answers:

Pwy sy'n gallu teipio?
> *Fi'n gallu teipio, ond fi ddim yn hoffi teipio.*
> *Fi ddim yn gallu teipio, ond fi'n hoffi ffonio.*

Pwy sy'n hoffi ffonio?
> *Fi'n hoffi ffonio, ond fi ddim yn hoffi teipio.*
> *Fi ddim yn hoffi ffonio.*

Pwy sy'n hoffi e-bostio?
> *Fi'n gallu e-bostio, ond fi ddim yn hoffi e-bostio.*
> *Siân sy'n hoffi e-bostio.*
> *Mae Siân yn hoffi e-bostio.*

Note the difference:
> Sian sy'n hoffi e-bostio.
>> It's Siân who likes e-mailing.

> Mae Siân yn hoffi e-bostio.
>> Siân likes e-mailing.

## To do something

It's easy to add more information:

| | |
|---|---|
| **llythyr** | letter |
| *lluhthihr* | |
| **cwsmer** | customer |
| *koosmehr* | |
| **ffrind** | friend |
| *phrihnd* | |
| **e-bost** | e-mail |
| *ehbohst* | |

Now add what you've done:

| | |
|---|---|
| **postio llythyr** | to post a letter |
| *pohstyo lluhthihr* | |
| **anfon e-bost** | to send an e-mail |
| *ahnvohn ehbohst* | |
| **teipio llythyr** | to type a letter |
| *teheepyo lluhthihr* | |
| **ffonio cwsmer** | to phone a customer |
| *phohnyo koosmehr* | |
| **ffonio ffrind** | to phone a friend |
| *phohnyo phrihnd* | |

**Fi di postio llythyr a fi di ffonio ffrind.**
I've posted a letter and I've phoned a friend.
*vee dee pohstyo lluhthir ah vee dee phohnyo phrihnd*
**Chi di anfon e-bost a ti di teipio llythyr.**
You've sent an e-mail and you've typed a letter.
*chee dee anvohn ehbohst ah tee dee teheepyo lluhthir*

### Say what you've done or not done at work this morning

| Fi | di | postio | llythyr. |
|---|---|---|---|
| Ni | ddim di | sgrifennu | e-bost. |
| Chi | | anfon | |
| | | ffonio | |
| | | | ffrind. |
| | | | cwsmer. |

The: **'r** (after 'o')
    **yr** (before 'e')
    **y** (before consonants)

**postio'r llythyr**      to post the letter
*pohstyor lluhthihr*
**anfon yr e-bost**      to send the email
*anvohn uhr ehbohst*
**teipio'r llythyr**      to type the letter
*teheepyor lluhthihr*
**ffonio'r cwsmer**      to phone the customer
*phohnyor koosmehr*
**ffonio'r ffrind**      to phone the friend
*phohnyor phrihnd*

Say that you have or haven't done some of the following:

| Fi | di | postio | 'r llythyr. |
|----|----|--------|-------------|
| Ni | ddim di | sgrifennu | 'r e-bost. |
| | | anfon | y llythyr. |
| | | | yr e-bost. |
| | | ffonio | 'r ffrind. |
| | | | 'r cwsmer. |

You have to give an account of your work to the boss.
Say, repeat and understand this conversation:

Beth chi di neud? Chi di dechrau gweithio?
    *Ni di dechrau gweithio.*
Chi di sgrifennu'r llythyr?
    *Fi di dechrau sgrifennu'r llythyr.*
Chi di gorffen teipio'r e-bost?
    *Fi di gorffen yr e-bost, a fi di anfon yr e-bost.*
Chi di ffonio'r cwsmer?
    *Fi di ffonio'r cwsmer am ddau o'r gloch, ond fi*
    *ddim di cael paned!*

## I was, we were

| | | |
|---|---|---|
| On i | I was | *ohn ee* |
| Ot ti | You were | *oht ti* |
| Odd e | He was | *ohth eh* |
| Odd hi | She was | *ohth hee* |
| On ni | We were | *ohn nee* |
| Och chi | You were | *ohch chee* |
| On nhw | They were | *ohn noo* |

You can also change these into questions:

| | |
|---|---|
| **On i?** | Was I? |
| *ohn ee* | |
| **Och chi?** | Were you? |
| *ohch chee* | |
| **On nhw?** | Were they? |
| *ohn noo* | |

Some useful words:

| | | |
|---|---|---|
| ddoe | yesterday | *thohee* |
| neithiwr | last night | *neheethyoor* |
| wythnos diwethaf | last week | *ooeethnohs doohetha* |
| y llynedd | last year | *uh lluhneth* |
| yn yr haf | in summer | *uhn uhr hahv* |

Some countries:

| | | |
|---|---|---|
| Ffrainc | France | *phraheenk* |
| Sbaen | Spain | *sbaheen* |
| India | India | *ihndya* |

## Now you ask. Make up around six questions:

| | | | |
|---|---|---|---|
| On i | yn | Ffrainc | y llynedd? |
| Och chi | | Sbaen | ddoe? |
| On ni | | India | yn yr haf? |
| On nhw | | Yr Alban | wythnos diwethaf? |
| | | Yr Eidal | |
| | | Iwerddon | |

| | |
|---|---|
| On | Yes (I was, we were, they were) |
| Ot | Yes (you were) |
| Odd | Yes (he was / she was) |
| Och | Yes (you were) |
| Na | No |

## Answer yes to the questions you asked:

| | | | | | |
|---|---|---|---|---|---|
| On, | on | i | yn | Ffrainc | y llynedd. |
| | | | | Sbaen | ddoe. |
| | | ni | | India | yn yr haf. |
| | | | | Yr Alban | wythnos diwethaf. |
| | | nhw | | Yr Eidal | |
| | | | | Iwerddon | |

## Now make up questions using **Ble** – *Where*:

| | | |
|---|---|---|
| Ble | och chi | y llynedd? |
| | on ni | ddoe? |
| | on nhw | yn yr haf? |
| | | wythnos diwethaf? |

## Answer in the same way:

On i yn yr Almaen y llynedd.
I was in Germany last year.
*ohn ee uhn uhr almaheen uh lluhneth*

## Now you make up answers:

| | | | |
|---|---|---|---|
| On i | yn | Ffrainc | y llynedd. |
| On ni | | Sbaen | ddoe. |
| | | India | yn yr haf. |
| On nhw | | Yr Alban | wythnos diwethaf. |
| | | Yr Eidal | |
| | | Iwerddon | |

Now ask when someone was on holiday:
Use

**Pryd**          When          *preed*

**Pryd och chi yn Ffrainc?**          When were you in France?
*Preed och chi uhn phraheenk*

Now you try asking:

| Pryd | och chi | yn | Ffrainc? |
|------|---------|-----|-----------|
|      | on ni   |     | Sbaen?    |
|      | on nhw  |     | India?    |
|      |         |     | Yr Alban? |
|      |         |     | Yr Eidal? |
|      |         |     | Iwerddon? |

And give some answers:

| On | i   | yn | Ffrainc   | y llynedd.         |
|----|-----|-----|-----------|--------------------|
|    | ni  |     | Sbaen     | ddoe.              |
|    | nhw |     | India     | yn yr haf.         |
|    |     |     | Yr Alban  | wythnos diwethaf.  |
|    |     |     | Yr Eidal  |                    |
|    |     |     | Iwerddon  |                    |

Repeat and understand this conversation between two friends:

Ble och chi yn yr haf?
> *Yn yr haf? On i yn Sbaen yn yr haf.  Ble och chi?*
On i yn yr Alban. Odd hi'n oer yn yr Alban! Odd hi'n oer yn Sbaen?
> *Na, odd hi'n boeth yn Sbaen.*
Ble och chi y llynedd?
> *On i yn Lloegr. Odd hi'n bwrw glaw! Ble och chi?*
On i yn Ffrainc y llynedd.

**other forms**

| | |
|--------|---------------|
| on i   | roeddwn i     |
| ot ti  | roeddet ti    |
| odd e  | roedd e       |
| odd hi | roedd hi      |
| on ni  | roedden ni    |
| och chi| roeddech chi  |
| on nhw | roedden nhw   |

**yn oer**
cold
*uhn oheer*

**yn boeth**
hot
*uhn boheeth*

Say what you were doing on holiday

## We were doing

Some useful words:

| | |
|---|---|
| **gweithio** *gooeheethyo* | to work / working |
| **siopa** *shopa* | to shop / shopping |
| **diogi** *deeogee* | to laze / lazing |
| **cysgu** *kuhsgee* | to sleep / sleeping |
| **gyrru** *guhree* | to drive / driving |
| **nofio** *nohvyo* | to swim / swimming |
| **gwersylla** *gooehrsuhlla* | to camp / camping |
| **cerdded** *kehrthehd* | to walk / walking |
| **crwydro** *krooeedroh* | to wander / wandering |

To use **on, och** or **odd** with verbs, we simply put **'n** after the pronoun (**fi**, etc.) or noun (**Huw**, etc.):

| | |
|---|---|
| **On i'n gweithio.** *ohn een gooeheethyo* | I was working. |
| **Odd Huw'n gweithio.** *ohth hioon gooeheethyo* | Huw was working. |
| **Odd e'n cysgu.** *ohth ehn kuhsgee* | He was sleeping. |
| **Odd hi'n siopa.** *ohth heen shopa* | She was shopping. |
| **On ni'n siopa.** *ohn neen shopa* | We were shopping. |
| **Och chi'n nofio.** *ohch cheen nohvyo* | You were swimming. |
| **On nhw'n gwersylla.** *ohn noon gooehrsuhlla* | They were camping. |

## Now you try:

| On i | 'n | gweithio. |
|------|-----|-----------|
| On ni | | siopa. |
| Ot ti | | diogi. |
| Och chi | | cysgu. |
| On nhw | | gyrru. |
| Odd Huw | | nofio. |
| Odd e'n | | cerdded. |
| Odd hi'n | | gwersylla. |
| | | crwydro. |

## To ask what you were doing, begin with

| Beth | What | *behth* |

**Beth och chi'n neud?**
What were you doing?
*behth oh cheen neheed*
**Beth och chi'n neud yn yr Almaen?**
What were you doing in Germany?
*behth ohch cheen neheed uhn uhr Almaheen*

## Some useful phrases:

**bob nos**                  every night
*bohb nohs*
**bob dydd**                 every day
*bohb deeth*
**bob bore**                 every morning
*bohb bohreh*
**bob prynhawn**             every afternoon
*bohb pruhnhaoon*
**yn y prynhawn**            in the afternoon
*uhn uh pruhnhaoon*
**yn y bore**                in the morning
*uhn uh bohreh*
**fin nos**                  in the evening
*veen nohs*

## Now you ask:

| Beth och chi'n | neud | yn | yr Almaen? |
|----------------|------|-----|-----------|
| | bwyta | | Ffrainc? |
| | yfed | | Sbaen? |

Now answer:

| On i'n | gwersylla | yn y bore. |
|---|---|---|
| | aros mewn gwesty | bob bore. |
| On ni'n | crwydro | yn y prynhawn. |
| | cerdded | bob prynhawn. |
| | dringo | bob dydd. |

Answer again:

| On i'n | bwyta | pizza. |
|---|---|---|
| On ni'n | | spaghetti. |
| | | salami. |

Answer again:

| On i'n | yfed | cwrw. |
|---|---|---|
| On ni'n | | gwin. |
| | | coffi. |
| | | Martini. |

Now repeat and understand this conversation:

Ble och chi yn y gwyliau?
> *On i yn yr Eidal.*

Pryd och chi yno?
> *On i yno yn yr haf. Ble och chi?*

On i yn Sbaen.
> *Beth och chi'n neud yn Sbaen?*

On i'n gwersylla. On i'n cerdded yn y bore, ac on i'n nofio
bob prynhawn.
> *On i'n nofio hefyd. Odd hi'n braf iawn.*

## What is?

Useful words:

| | |
|---|---|
| **newyddion** *nehoouhthyon* | news |
| **ffilm** *philm* | film |
| **drama** *drahmah* | drama |
| **chwaraeon** *chooahraheeon* | sport |
| **opera sebon** *opehrah sehbohn* | soap opera |
| **cerddoriaeth** *kerthoryaheeth* | music |
| **sioe** *shohee* | show |
| **dawnsio** *dahoonsyo* | dancing |
| **heno** *hehnoh* | tonight |
| **yfory** *uhvoree* | tomorrow |
| **nawr** *nahoor* | now |
| **nesa** *nehsah* | next |

| | | |
|---|---|---|
| **am saith o'r gloch** | at 7 o'clock | *ahm saheeth ohr glohch* |
| **am wyth o'r gloch** | at 8 o'clock | *ahm ooeeth ohr glohch* |
| **am naw o'r gloch** | at 9 o'clock | *ahm nahoo ohr glohch* |
| **am ddeg o'r gloch** | at 10 o'clock | *am thehg ohr glohch* |
| **am un ar ddeg o'r gloch** | at 11 o'clock | *am eenahrthehg ohr glohch* |
| **eto** | again | *ehtoh* |

To ask what's on television, use

**be sy**             what's, what is             *beh see*

**Be sy ar y teledu?**      What's on television?
*beh see ahr uh tehlehdee*
**Be sy ar y teledu heno?**          What's on television tonight?
*beh see ahr uh tehlehdee hehno*
**Be sy ar y teledu am wyth?**    What's on television at eight?
*beh see ahr uh tehlehdee ahm ooeeth*

**Be sy nesa ar y teledu?** What's next on television?
*beh see nehsah ahr uh tehlehdee*

Now you ask:

| Be sy | ar y teledu | heno. |
|-------|-------------|-------|
|       |             | yfory. |
|       |             | am naw o'r gloch. |
|       |             | am ddeg o'r gloch. |
|       |             | nesa. |

You can just answer with one word:

chwaraeon
newyddion
drama
opera sebon
cerddoriaeth

Or you can put this in a sentence:

Ma chwaraeon ar y teledu am wyth o'r gloch.
There's sport on television at 8 o'clock.
*mah chooaraheeon ahr uh tehlehdee ahm ooeeth ohr glohch*
Ma newyddion am ddeg.
There's news at ten.
*mah nehoouhthyon ahm theg*

Now you answer:

| Ma | newyddion | am wyth | o'r gloch. |
|----|-----------|---------|------------|
|    | drama | am naw | |
|    | opera sebon | am ddeg | |
|    | chwaraeon | am un ar ddeg | |
|    | cerddoriaeth | am saith | |
|    | ffilm | | |
|    | sioe | | |
|    | dawnsio | | |

Now repeat and understand this conversation:

Be sy ar y teledu heno?
> *Ma newyddion am saith.*
Newyddion? Be sy am wyth o'r gloch?
> *Chwaraeon sy am wyth.*
Pêl-droed?
> *Na, rygbi.*
A beth sy am ddeg o'r gloch?
> *Chwaraeon eto.*
Eto? Diar, fi'n mynd i'r dafarn.

## Going to do

Be ti'n mynd i neud?
What are you going to do?
*Beh teen mihnd ee neheed*

Fi'n mynd i nofio.
I'm going to swim.
*veen mihnd ee novyo*

Fi'n mynd i siopa.
I'm going shopping.
*veen mihnd ee shopah*

Fi'n mynd i gael peint.
I'm going to have a pint.
*veen mihnd ee gaheel peheent*

Fi'n mynd i gael cinio.
I'm going to have dinner.
*veen mihnd ee gaheel kinyo*

Fi'n mynd i bostio'r llythyr.
I'm going to post the letter.
*veen mihnd ee bostyor lluthihr*

Ti'n mynd i brynu siwt.
You're going to buy a suit.
*teen mihnd ee bruhnee sioot*

Ni'n mynd i dorri gwallt.
We're going to have our hair cut.
*neen mihnd ee dohree gooallt*

Ti'n mynd i dorri'r lawnt.
You're going to cut the lawn.
*teen mihnd ee dohreer laoont*

Now you try:

| | | | |
|---|---|---|---|
| Fi'n mynd | i gael | te | nawr. |
| Ti'n mynd | | cinio | heddiw. |
| Ni'n mynd | | swper | |
| | | peint | |
| | i brynu | siwt | |
| | | het | |
| | | siwt newydd | |
| | | trowsus | |

**Asking questions is just as easy:**

Ti'n mynd i siopa heddi?
Are you going shopping today?
*teen mihnd ee shopah hehddee*

Ti'n mynd i brynu siwt newydd?
Are you going to buy a new suit?
*teen mihnd ee bruhnee sioot nehooith*

Ni'n mynd i weithio yn yr ardd?
Are we going to work in the garden?
*neen mihnd ee weheethyo uhn uhr arth*

Ni'n mynd i aros yn y dre?
Are we going to stay in town?
*neen mihnd ee ahros uhn uh dreh?*

**Now you try:**

| Ti'n mynd | i gael | te | nawr? |
|---|---|---|---|
| Ni'n mynd | | cinio | heddiw? |
| | | swper | |
| | | peint | |
| | i brynu | siwt | |
| | | het | |
| | | siwt newydd | |
| | | trowsus | |

To answer yes, use **ydw.**
To answer no, use **na.**

| Ti'n mynd i siopa heddiw? | *Ydw* |
|---|---|
| Ti'n mynd i brynu siwt nawr? | *Na* |

**Repeat and understand this conversation:**

Be ti'n mynd i neud heddiw?
> *Fi'n mynd i siopa.*

Ti'n mynd i brynu trowsus?
> *Na, fi'n mynd i brynu siwt newydd. Be ti'n mynd i neud heddiw?*

Fi'n mynd i dorri'r lawnt.
> *Da iawn. Ti'n mynd i neud swper?*

Ydw, fi'n mynd i neud swper am saith o'r gloch. Ti'n mynd i aros yn y dre?
> *Ydw, fi'n mynd i gael peint.*

## My, Your

| | | |
|---|---|---|
| **blows** | blouse | *blohoos* |
| **crys** | shirt | *krees* |
| **trowsus** | trousers | *trohoosis* |
| **sgert** | skirt | *sgehrt* |
| **esgidiau** | shoes | *sgidyeh* |
| **sanau** | socks, stockings | *saneh* |
| **tei** | tie | *tehee* |
| **ffrog** | frock | *phrog* |
| **cot** | coat | *kot* |
| **siwmper** | jumper | *shoompehr* |
| **pans** | pants, nicks | *pans* |
| **gwisgo** | to wear | *gooisgoh* |

**Ble ma blows fi?**        Where's my blouse?
*ble mah blohoos vee*
**Ble ma trowsus fi?**        Where's my trousers?
*ble mah trohoosis vee*
**Ble ma sgert ti?**        Where's your skirt?
*ble mah skehrt tee*
**Ble ma dillad ni?**        Where are our clothes?
*ble mah dillad nee*
**Ble ma sanau chi?**        Where are your socks?
*ble mah saneh chee*
**Ble ma sanau nhw?**        Where are their socks?
*ble mah saneh noo*

| | | |
|---|---|---|
| **tei fe** | his tie | *tehee veh* |
| **blows hi** | her blouse | *blohoos hee* |

**Ma trowsus fi yn y cwpwrdd.**
My trousers are in the cupboard.
*mah trohoosis vee uhn uh koopoorth*
**Ma sgert ti ar y gwely.**        Your skirt is on the bed.
*mah sgehrt tee ar uh gooehlee*
**Ma crys ti ar y gadair.**        Your shirt is on the chair.
*mah krees tee ar uh gadehr*
**Ma tei ti ar y llawr!**        Your tie is on the floor!
*mah tehee tee ar uh llahoor*
**Ma crys fi yn y golch.**        My shirt is in the wash.
*mah krees vee uhn uh golch*

**Ma crys fe ar y llawr!**　　　　　His shirt is on the floor!
*mah krees veh ar uh llahoor*
**Ma blows hi ar y gwely.**　　　　Her blouse is on the bed.
*mah blohoos hee ar uh gooehlee*

Now you try:

| Ma | tei | fi | yn y cwpwrdd. |
|----|-----|----|----|
| | sgert | ti | ar y llawr. |
| | siwt | fe | ar y gwely. |
| | trowsus | hi | ar y gadair. |
| | ffrog | | yn y golch. |
| | sanau | | |

You can ask questions like this:

**Ydy tei fi ar y gadair?**　　　Is my tie on the chair?
*uhdee tehee vee ahr uh gahdehr*
**Ydy crys fi ar y gwely?**　　　Is my shirt on the bed?
*uhdee krees vee ar uh gooehlee*
**Ydy ffrog ti yn y cwpwrdd?** Is your frock in the cupboard?
*uhdee phrog tee uhn uh koopoorth*
**Ydy ffrog hi ar y llawr?**　　　Is her frock on the floor?
*uhdee phrog hee ar uh llahoor*
**Ydy trowsus fi yn y golch?** Are my trousers in the wash?
*uhdee trohoosis vee uhn uh golch*
**Ydy trowsus fe yn y golch?** Are his trousers in the wash?
*uhdee trohoosis veh uhn uh golch*
**Ydy sanau ti ar y llawr?**　　　Are your socks on the floor?
*uhdee sahneh tee ar uh llaoor*

Now you ask:

| Ydy | tei | fi | yn y cwpwrdd? |
|-----|-----|----|----|
| | sgert | ti | ar y llawr? |
| | siwt | fe | ar y gwely? |
| | trowsus | hi | ar y gadair? |
| | ffrog | | yn y golch? |
| | sanau | | |

To answer **yes** use **ydy**.
To answer **no** use **na.**

**Ydy tei fi ar y llawr? Na. Ma fe ar y gwely.**
Is my tie on the floor? No. It's on the bed.
*uhdee tehee vee ahr uh llahoor? na mah veh ahr uh gooehlee*

**Ydy crys ti yn y cwpwrdd? Ydy.**
*uhdee krees tee uhn uh koopoorth? uhdee*

To say where something isn't, insert **ddim**:

Ma ffrog fi ddim yn y cwpwrdd.
My frock is not in the cupboard.
*mah ffrog vee thihm uhn uh koopoorth*

Now you try:

| Mae | tei | fi | ddim | yn y cwpwrdd. |
|-----|-----|-----|------|---------------|
|     | sgert | ti |      | ar y llawr. |
|     | siwt |    |      | ar y gwely. |
|     | trowsus |  |      | ar y gadair. |
|     | ffrog |   |      | yn y golch. |
|     | sanau |   |      |             |

Repeat and understand this conversation.

Bore da! Ble ma dillad fi?
　　　*Ma dillad ti yn y cwpwrdd!*
Ble ma tei fi? Ma tei fi ddim yn y cwpwrdd.
　　　*Ydy! Ti ddim di edrych.*
Ble ma sanau fi? Ma nhw ddim yn y cwpwrdd.
　　　*Ma nhw ar y llawr... Ble ma ffrog fi?*
Ma ffrog ti ar y gadair. A ma sanau ti ar y gadair.
　　　*Ble ma trowsus ti?*
Ma nhw ar y gwely. Diar, ble ma sbectol fi?
　　　*Ti'n gwisgo nhw!*

**other forms**

| car fi | fy nghar i | Here you see examples of |
|--------|------------|--------------------------|
| car ti | dy gar di | 'mutation'. The first letter of |
| car fe | ei gar e | some words change in certain |
| car hi | ei char hi | circumstances, but this has no |
| car ni | ein car ni | effect on meaning. In colloquial |
| car chi | eich car chi | speech, mutations are often not |
| car nhw | eu car nhw | used. |

## His... Her...

| | |
|---|---|
| **car pwy?** | whose car? |
| *kar pooee* | |
| **car fi** | my car |
| *kar vee* | |
| **car Siân** | Siân's car |
| *kar shahn* | |
| **car y cwmni** | the company's car |
| *kar uh koomnee* | |
| **cot Siân** | Siân's coat |
| *kot shahn* | |
| **cath drws nesa** | next door's cat |
| *kahth droos nehsah* | |
| **llyfr Mr Jones** | Mr Jones' book |
| *lluhvr mr johns* | |
| **siop y pentref** | the village shop |
| *shop uh pehntreh* | |
| **siop Mrs Evans** | Mrs Evans' shop |
| *shop mrs ehvans* | |
| **coleg Caerdydd** | Cardiff college |
| *kolehg kaheerdeeth* | |
| **ci drws nesa** | next door's dog |
| *kee droos nehsah* | |

You'll have noticed that the order of the words in these phrases is different to English. The first word in Welsh is what you're talking about. After that we put who owns it.

| | |
|---|---|
| **Car pwy yw e?** | Whose car is it? |
| *kahr pooee ioo eh* | |
| **Car Huw yw e.** | It's Huw's car. |
| *kahr hioo ioo eh* | |
| **Car y cwmni yw e.** | It's the company's car. |
| *kahr uh koomny ioo eh* | |
| **Ble ma tŷ Mr Evans?** | Where is Mr Evans's house? |
| *bleh mah tee mr ehvans* | |

Now you try:

| Car | Siân | yw e. | (it is/he is) |
|-----|------|-------|---------------|
| Tŷ | Huw | | |
| Llyfr | Mr Evans | | |
| Ci | | | |
| Cath | | yw hi. | (it is/she is) |

**To ask questions, just add a question mark:**

**Car Siân yw e?**       Is it Siân's car?
*kahr shahn ioo eh*
**Tŷ Huw yw e?**         Is it Huw's house?
*tee hioo ioo eh*

**To answer, use ie for *yes*. Use na for *no*.**

| Car | Siân | yw e? | – Ie. |
|-----|------|-------|-------|
| Tŷ | Huw | yw hwn? | – Na. |
| Llyfr | Mr Evans | | |
| Cath | | yw hi? | |

**Ma cath Mrs Lewis yn yr ardd.**
Mrs Lewis's cat is in the garden.
*mah kahth mrs lehoois uhn uhr arth*
**Na, cath drws nesa yw hi.**
No, it's next door's cat.
*nah, kahth droos nehsah ioo hee*

## Is it?  Sy?

**Huw yw e?**       Is it Huw?       *Hioo ioo eh*
**Siân yw hi?**     Is it Siân?      *Shahn ioo hee*

Now you try:

| Huw | yw | e? |
|-----|-----|-----|
| Dafydd | | |
| Siôn | | |
| Siân | yw | hi? |
| Mair | | |
| Catrin | | |

**Car pwy sy fanna?**       Whose car is there?
*kahr pooee see vana*
**Car John sy wrth y ty.^**  It's John's car that's by the house.
*kahr john see oorth uh tee*

Siop Mr Evans sy ar y stryd fawr.

It's Mr Evans's shop that's in the high street.

*shop mr evans see ahr uh streed vahoor*

Cath Siân sy yn yr ardd.

It's Siân's cat that's in the garden.

*kath shahn see uhn uhr arth*

Now you try:

| Car | Siân | sy | wrth y siop. |
|------|----------|------|--------------|
| Tŷ | Huw | | yn y dre. |
| Cath | Mr Evans | | ar y stryd. |
| Siop | | | |

Repeat and understand this conversation:

Ti di gweld cath Huw?

>*Cath Huw a Siân?*

Ie, odd hi yn yr ardd. Ond cath Mrs Jones sy yn yr ardd nawr.

>*Fi di gweld cath ar y stryd.*

Ble ar y stryd?

>*Wrth siop Mrs Evans.*

Siop Mrs Evans sy wrth y parc?

>*Ti di gweld siop Mrs Evans yn ddiweddar?*

Ydw, pam ti'n gofyn?

>*Ma hi di peintio'r siop – mae'n edrych yn ofnadwy.*

| | | |
|---|---|---|
| **yn ddiweddar** | recently | *uhn thiooehthahr* |
| **yn ofnadwy** | awful | *uhn ovnahdooee* |

## Enough, too much

| | | |
|---|---|---|
| **gormod o** | too much | *gormohd oh* |
| **digon o** | enough | *deegohn oh* |
| **llawer o** | a lot | *llahooehr oh* |
| **tipyn bach o** | a little | *tipin bahch oh* |
| **mwy o** | more | *mooee oh* |
| **llai o** | less | *llahee oh* |

**gormod o win**    too much wine
*gormod oh ooeen*
**digon o datws**    enough potatoes
*deegon oh datoos*
**llawer o fwyd**    a lot of food
*llahooehr oh vooeed*
**tipyn bach o halen**    a little salt
*tipin bach oh hahlehn*
**mwy o gig**    more meat
*mooee oh geeg*
**llai o saws**    less sauce
*llahee oh sahoos*

**Fi di bwyta gormod o bwdin.**
I've eaten too much pudding.
*vee dee booeetah gormohd oh boodin*
**Ti di cael digon o win?**
Have you had enough wine?
*tee dee kaheel deegohn oh ooeen*
**Ni di cael llawer o fwyd.**
We've had a lot of food.
*nee dee kaheel llahooehr oh vooeed*
**Ti di cael tipyn bach o halen?**
Have you had a little salt?
*tee dee kaheel tipin bahch oh halehn*
**Fi eisiau mwy o win, os gwelwch yn dda.**
I want more wine, please.
*vee eesheh mooee oh ooeen, os gooehlooch uhn tha*

**Fi di cael llai o datws!**
I've had fewer potatoes!
*vee dee kaheel llahee oh datoos*

## Now you try:

| Fi | di | cael | digon o | datws. |
|----|----|------|---------|--------|
| Ti |    | yfed | llawer o | fwyd. |
| Ni |    | bwyta | tipyn bach o | win. |
|    |    |      | gormod o | bwdin. |
|    |    |      | mwy o | halen. |

eisiau        to want       *eesheh*

**Ti eisiau tatws?**     Do you want potatoes?
*Tee eesheh tatoos*
**Ti eisiau te?**     Do you want tea?
*Tee eesheh teh*
**Ti eisiau cinio?**     Do you want dinner?
*Tee eesheh kinyo*

## Now you ask:

| Ti eisiau | bwyd? |
|-----------|-------|
|           | tatws? |
|           | cinio? |
|           | te? |

## Answer:

| Ydw | Yes |
|-----|-----|
| Na  | No  |

## Ask how much:

**Faint o?**     How much?     *vaheent oh*

**Faint o fwyd ti eisiau?**
How much food do you want?
*vaheent oh vooeed tee eesheh*
**Faint o win ti eisiau?**
How much wine do you want?
*vaheent oh ooeen tee eesheh*
**Faint o win ni eisiau?**
How much wine do we want?
*vaheent oh ooeen nee eesheh*

## Now you ask:

| Faint o | win | ti | eisiau? |
|---------|-----|----|---------|
|         | fwyd | ni |        |
|         | datws |    |        |
|         | halen |    |        |
|         | bwdin |    |        |

## Answer:

**Fi eisiau llawer o win.**
I want a lot of wine.
*vee eesheh llahooehr oh ooeen*
**Fi eisiau tipyn bach o fwyd.**
I want a little food.
*vee eesheh tipin bach oh vooeed*
**Ni ddim eisiau llawer o halen.**
We don't want a lot of salt.
*nee thim eesheh llahooehr oh hahlehn*
**Ni eisiau digon o datws.**
We want a lot of potatoes.
*nee eeshe deegon oh datoos*
**Fi ddim eisiau llawer o bwdin.**
I don't want a lot of pudding.
*vee thim eesheh llahooehr oh boodin*

## Now you try:

| Fi eisiau | llawer o | halen. |
|-----------|-------------|--------|
|           | tipyn bach o | win.   |
|           | mwy o       | datws. |
|           | llai o      | saws.  |

## Now repeat and translate:

Ti eisiau tipyn bach o win?
> *Ydw, diolch. Ti eisiau bwyd?*
Ydw, fi eisiau llawer o fwyd. Ti eisiau bwyd?
> *Wel, tipyn bach o datws, ond llawer o gig.*
Faint o halen ti eisiau?
> *Tipyn bach, diolch. Beth ti eisiau yfed?*
Fi eisiau yfed tipyn bach o win hefyd.

|  | **other forms** |
|-----------|------------------------------------|
| fi eisiau | rydw i eisiau, dw i eisiau |
| ti eisiau | rwyt ti eisiau |
| ni eisiau | rydyn ni eisiau, dyn ni eisiau |
| chi eisiau | rydych chi eisiau, dych chi eisiau |

## How much? Money

**Faint?**
How much?
*vaheent*

**Faint yw e?**
How much is it?
*vaheent ioo eh*

**Faint ydyn nhw?**
How much are they?
*vaheent uhdin nhoo*

**Faint mae'n costio?**
How much does it cost?
*vaheent maheen kostyo*

**Faint ma nhw'n costio?**
How much do they cost?
*vaheent mah nhoon kostyo*

**Beth yw pris y ...?**
What is the price of ...?
*behth ioo prees uh*

| | | |
|---|---|---|
| **y pwys** | per pound | *uh pooees* |
| **yr un** | each | *uhr een* |
| **y cilo** | per kilo | *uh keeloh* |
| **punt** | a pound (£) | *pihnt* |
| **pwys** | a pound (lb) | *pooees* |
| **ceiniog** | a penny | *keheenyog* |

| | | | | |
|---|---|---|---|---|
| 1p | **un geiniog** | | £1 | **un bunt** |
| | *een geheenyog* | | | *een bihnt* |
| 2p | **dwy geiniog** | | £2 | **dwy bunt** |
| | *dooee geheenyog* | | | *dooee bihnt* |
| 5p | **pum ceiniog** | | £3 | **tair punt** |
| | *pim keheenyog* | | | *taheer pihnt* |
| 10p | **deg ceiniog** | | £4 | **pedair punt** |
| | *dehg keheenyog* | | | *pehdaeer pihnt* |
| 20p | **ugain ceiniog** | | £5 | **pum punt** |
| | *eegaheen keheenyog* | | | *pim pihnt* |

| | | | |
|---|---|---|---|
| 30p | **tri deg ceiniog** | £10 | **deg punt** |
| | *tree dehg keheenyog* | | *dehg pihnt* |
| 40p | **pedwar deg ceiniog** | £15 | **pymtheg punt** |
| | *pedooahr dehg keheenyog* | | *puhmtheg pihnt* |
| 50p | **hanner can ceiniog** | £20 | **ugain punt** |
| | *hahnehr kan keheenyog* | | *eegaheen pihnt* |

**Beth yw pris y bananas?**
What's the price of the bananas?
*behth ioo prees uh bananas*
**Faint yw'r orenau?**
How much are the oranges?
*vaheent ioor orehneh*
**Faint mae'r tatws yn costio?**
How much do the potatoes cost?
*vaheent mahr tatoos uhn kostyo*

| | | | |
|---|---|---|---|
| **afalau** | apples | **pupur** | pepper |
| *avaleh* | | *pipihr* | |
| **orenau** | oranges | **coffi** | coffee |
| *orehneh* | | *kophee* | |
| **ffrwythau** | fruit | **te** | tea |
| *phrooeetheh* | | *teh* | |
| **llysiau** | vegetables | **sudd** | juice |
| *lluhsieh* | | *seeth* | |
| **llaeth** | milk | **cig** | meat |
| *llaheeth* | | *keeg* | |
| **bara** | bread | **caws** | cheese |
| *barah* | | *kahoos* | |
| **wyau** | eggs | **menyn** | butter |
| *ooee-eh* | | *mehnin* | |
| **bananas** | bananas | **pysgod** | fish |
| *bananas* | | *puhsgod* | |
| **tomatos** | tomatoes | **ffa** | beans |
| *tomahtos* | | *phah* | |
| **grawnwin** | grapes | **pys** | peas |
| *grahoonooin* | | *pees* | |
| **eirin** | plums | **moron** | carrots |
| *eheerin* | | *mohron* | |
| **blawd** | flour | **bresych** | cabbage |
| *blahood* | | *brehsich* | |
| **siwgr** | sugar | **tatws** | potatoes |
| *shoogoor* | | *tatoos* | |
| **halen** | salt | | |
| *hahlen* | | | |

**Now you try:**

| Faint yw'r<br>Beth yw pris y | gwin<br>bwyd<br>tatws | ? |
|---|---|---|
| Faint mae'r | halen<br>afalau<br>llaeth<br>moron<br>coffi | yn costio? |

**Possible answers:**

Pum deg ceiniog          Fifty pence
*pim dehg keheenyog*

Punt y pwys          One pound per pound
*pihnt uh pooees*

Dwy bunt y cilo          Two pounds per kilo
*dooee bihnt uh keeloh*

**Now you try:**

| Pum deg ceiniog | y pwys. |
|---|---|
| Wyth deg ceiniog | yr un. |
| Un bunt | y cilo. |
| Dwy bunt | |
| Un bunt pum deg | |

Un pwys o ...          One pound of ...
*een pooees oh ...*

Hanner pwys o ...          Half a pound of ...
*hahnehr pooees oh ...*

Pum pwys o ...          Five pounds of ...
*pim pooees oh ...*

Un pecyn o ...          One packet of ...
*een pehkin oh ...*

Un pwys o domatos, os gwelwch yn dda.
One pound of tomatoes, please.
*een pooees oh domatohs, os gooehlooch uhn tha*

Dau bwys o fananas, plis.
Two pounds of bananas, please.
*dahee booees oh vananas, pleez*

Pum pwys o datws, os gwelwch yn dda.
Five pounds of potatoes, please.
*pim pooeess oh datoos, os gooehlooch uhn tha*

Pecyn o Weetabix, os gwelwch yn dda.
A packet of Weetabix, please.
*pehkin oh weetabix, os gooehllooch uhn tha*
**Rhywbeth arall?**          Anything else?
*rhioobehth arahll*

**Now you try:**

| | | |
|---|---|---|
| Un pwys o | datws | os gwelwch yn dda. |
| Dau bwys o | domatos | plis. |
| Hanner pwys o | rawnwin | |
| Cilo o | fananas | |
| Hanner cilo o | | |
| Un pecyn o | reis | |
| | cornflakes | |
| | siwgr | |

newydd

new

*nehooith*

**Repeat and understand:**

Bore da! Fi eisiau pwys o domatos, os gwelwch yn dda.
    *Saith deg ceiniog y pwys yw'r tomatos. Rhywbeth arall?*
Pum pwys o datws.
    *Tatws newydd?*
Ie, diolch. Faint yw'r bananas?
    *Wyth deg ceiniog y pwys.*
Un pwys, os gwelwch yn dda. Faint mae'r afalau'n costio?
    *Chwe deg ceiniog y pwys. Rhywbeth arall?*
Un pecyn o siwgr. Faint yw'r siwgr?
    *Naw deg ceiniog.*
Faint yw'r bil?
    *Pum punt saith deg ceiniog, os gwelwch yn dda.*

## Colours

| | | |
|---|---|---|
| **afalau coch** | red apples | |
| *avaleh kohch* | | |
| **afalau gwyrdd** | green apples | |
| *avahleh gooirth* | | |
| **banana melyn** | a yellow banana | |
| *banana mehlin* | | |
| **bara brown** | brown bread | |
| *barah brown* | | |
| **bara gwyn** | white bread | |
| *barah gooin* | | |
| **gwin coch** | red wine | |
| *gooeen kohch* | | |
| **gwin gwyn** | white wine | |
| *gooeen gooin* | | |
| **grawnffrwyth pinc** | pink grapefruit | |
| *graoonwin pink* | | |
| **coffi du** | black coffee | |
| *kophee dee* | | |

| | | |
|---|---|---|
| hen | old | *hehn* |
| ffresh | fresh | *phresh* |
| newydd | new | *nehooith* |

**Ti eisiau bara gwyn?**  Do you want white bread?
*tee eesheh barah gooin*
**Fi eisiau bara brown.**  I want brown bread.
*vee eesheh barah brown*

### Now you try:

| Fi eisiau | bara gwyn | os gwelwch yn dda. |
|---|---|---|
| Ni eisiau | bara brown | |
| | grawnwin gwyn | |
| | grawnwin coch | |
| | afalau coch | |
| | afalau gwyrdd | |

Now ask:
Do you want...

| Chi eisiau | coffi gwyn? |
| | coffi du? |
| | pupur coch? |
| | pupur gwyrdd? |
| | pupur melyn? |
| | tatws newydd? |

### Some new words:

| sur | sour | *seer* |
|---|---|---|
| melys / felys | sweet | *mehlis /vehlis* |
| sych | dry | *seech* |
| hallt | salty | *hahllt* |
| blasus / flasus | tasty | *blahsis / vlahsis* |
| da / dda | good | *dah / thah* |
| gwael / wael | bad | *gooaheel / ooaheel* |

Ma'r gwin yn felys.           The wine is sweet.
*mahr gooeen uhn velis*
Ma'r gwin yn sur.             The wine is sour.
*mahr gooeen uhn seer*
Ma'r gwin yn sych.            The wine is dry.
*mahr gooeen uhn seech*
Ma'r tatws yn flasus.         The potatoes are tasty.
*mahr tatoos uhn vlasis*
Ma'r tatws yn hallt.          The potatoes are salty.
*mahr tatoos uhn hallt*
Ma'r bwyd yn dda.            The food is good.
*mahr booeed uhn tha*
Ma'r bwyd yn wael.           The food is bad.
*mahr booeed uhn ooaheel*
Ma'r bara'n hen.             The bread is old.
*mahr baran hehn*
Ma'r bara'n ffresh.          The bread is fresh.
*mahr baran phresh*

Now you try:

| Ma'r | gwin | yn | felys. |
|------|------|------|------|
| | bwyd | | dda. |
| | tatws | | hallt. |
| | | | flasus. |
| | | | wael. |
| | | | hen. |
| | bara | 'n | ffresh. |

Iawn                    all right, *but* 'very' after adjectives
*yahoon*

To say *very*, add **iawn** at the end:

Mae'r gwin yn felys iawn.          The wine is very sweet.
*mahr gooeen uhn velis iahoon*
Mae'r gwin yn sych iawn.           The wine is very dry.
*mahr gooeen uhn seech iahoon*

Now you try:

| Ma'r | gwin | yn | felys | iawn. |
|------|------|------|------|------|
| | bwyd | | dda | |
| | tatws | | hallt | |
| | | | flasus | |
| | | | wael | |

*This* and *that*.

Use **ma** for *this* and **na** for *that*.

y bara ma          this bread          *uh bara mah*
y bara na          that bread          *uh bara nah*

Mae'r bara ma'n frown ond ma'r bara na'n wyn.
This bread is brown but that bread is white.
*mahr bara mahn vrohoon ond mahr bara nahn ooin*
Mae'r gwin ma'n goch ond ma'r gwin na'n wyn.
This wine is red but that wine is white.
*mahr gooeen mahn goch ond mahr gooeen nahn ooin*

Now you try:

| Ma'r | gwin ma'n | goch | ond ma'r | gwin na'n | wyn. |
| | bara ma'n | wyn | | bara na'n | goch. |
| | afalau ma'n | frown | | afalau na'n | frown. |

Repeat and understand this conversation:

Bara brown neu bara gwyn?
> *Bara brown, os gwelwch yn dda.*
Gwin coch neu gwin gwyn?
> *Gwin coch, diolch. Mae'r tatws yn hen!*
O diar, y tatws newydd yn hen?
> *Ie, ma'r tatws newydd ddim yn ffresh, ma nhw'n hen!*
Ydy'r cig yn iawn?
> *Na, ma'r cig yn hallt iawn!*
O diar, ydy'r grefi'n iawn?
> *Ydy, ma'r grefi'n flasus iawn.*

grefi
gravy
*grehvee*

**other forms**

| neu bara | or bread | neu fara |
| neu gwin | or wine | neu win |
| neu tatws | or potatoes | neu datws |
| ma'r | the ... is/are | mae'r |

## If, When, Before, After, Must

| | |
|---|---|
| os | if |
| *os* | |
| pryd | when |
| *preed* | |
| gyrru | to drive |
| *guhree* | |
| aros | to stay, to wait |
| *ahros* | |
| cysgu | to sleep |
| *kuhsgee* | |

Os ti'n gyrru gynta, fi'n gyrru wedyn.
If you drive first, I'll drive afterwards.
*os teen guhree guhnta, veen guhree ooehdin*

> gynta
> first
> *guhnta*

Os ni'n gadael nawr, ni'n cyrraedd am ddeg.
If we leave now, we'll arrive at ten.
*os neen gadehl nahoor, neen kuhrehth am thehg*

Os ni ddim yn cael petrol, ni'n torri lawr.
If we don't get petrol, we'll break down.
*os nee thim uhn kaheel petrol, neen tohree lahoor*

Pryd ni'n cyrraedd Llanbed, fi'n gyrru.
When we arrive at Lampeter, I'll drive.
*preed neen kuhraheeth Llanbehd, veen guhree*

> wedyn
> then
> *ooehdin*

Pryd ni'n gadael Caerdydd, ni'n gyrru am ddwy awr.
When we leave Cardiff, we'll drive for two hours.
*preed neen gadehl kaheerdeeth, neen guhree am thooee ahoor*

### Now you try:

| Os | ti'n | cyrraedd | Abertawe | ti'n | gyrru. |
|----|------|----------|----------|------|--------|
| Pryd | ni'n | gadael | Caerdydd | fi'n | cysgu. |
| | | | Casnewydd | | aros. |
| | | | Llanbed | | |
| | | | Aberteifi | | |

To ask questions, use the same pattern:

Os fi'n mynd, ti'n dod hefyd?
If I'm going, are you coming as well?
*os veen mihnd, teen dohd hevid*
Os ni'n gweld nhw, ni'n mynd gyda nhw?
If we see them, are we going with them?
*os neen gooehld noo, neen mihnd guhda noo*
Os chi'n gorffen y gwaith, chi'n dod?
If you finish the work, are you coming?
*os cheen gorphehn uh gooaheeth, cheen dohd*

Now you try:

| Os | ti'n<br>ni'n<br>chi'n<br>nhw'n | cyrraedd,<br>mynd,<br>dod,<br>gallu, | chi'n<br>ni'n<br>nhw'n<br>fe'n<br>hi'n | dod<br>mynd | hefyd?<br>gyda ni?<br>gyda fi? |
|---|---|---|---|---|---|

Ar ôl i ni          after we          *ahr ohl ee nee*
ar ôl i ni fynd
after we go, before we went, after we'd gone
*ahr ohl ee nee vihnd*
Cyn i fi          before I          *kin ee vee*
cyn i fi ddod
before I come, before I came, before I'd come
*kin ee vee vihnd*

Countries: see the *Basics* section at the beginning of the book.

Ar ôl i ni fynd i Loegr, ni di mynd i'r Alban.
After we'd gone to England, we went to Scotland. (*or:* After we went to England, we went to Scotland.)
*ahr ohl ee nee vihnd ee loheegehr, nee dee mihnd eer alban*
Cyn i fi fynd i Iwerddon, fi'n mynd i'r Alban.
Before I go to Ireland, I'm going to Scotland.
*kin ee vee vihnd ee eeoooehrthon, veen mihn eer alban*

Now you try:

| Cyn<br>Ar ôl | i fi<br>i ni<br>i chi | fynd | i Gymru,<br>i Loegr,<br>i'r Alban,<br>i Iwerddon, | ti'n<br>fi'n<br>ti di<br>fi di | mynd | i Gymru.<br>i Loegr.<br>i'r Alban.<br>i Iwerddon. |
|---|---|---|---|---|---|---|

**Rhaid** = *must*; **well** = *better*; **bryd** = *time:*

| | |
|---|---|
| Rhaid i fi | I must |
| *rhaheed ee vee* | |
| Rhaid i fi fynd | I must go |
| *rhahee ee vee vihnd* | |
| Ma'n well i fi | I'd better |
| *mahn ooehll ee vee* | |
| Ma'n well i fi ddod | I'd better come |
| *mahn ooehll ee vee thohd* | |
| Ma'n bryd i fi | It's time for me |
| *mahn breed ee vee* | |
| Ma'n bryd i fi fynd | It's time for me to go |
| *mahn breed ee vee vihnd* | |

Rhaid i fi fynd i Loegr cyn mynd i'r Alban.
I've got to go to England before going to Scotland.
*rhaheed ee vee vihnd ee loheegehr kin mihnd eer alban*
Ma'n well i fi fynd i Loegr gynta.
I'd better go to England first.
*mahn wehll ee vee vihnd ee loheegehr guhnta*
Ma'n bryd i ni fynd i Iwerddon.
It's time for us to go to Ireland.
*mahn breed ee nee vihnd ee ihooerthon*

bob dwy awr
every two hours
*bohb dooee ahoor*

Now you try:

| Ma'n bryd | i fi | fynd | i Iwerddon. |
|---|---|---|---|
| Ma'n well | i ni | ddod | i Loegr. |
| Rhaid | i ti | | i Gymru. |
| | i chi | | i'r Alban. |
| | | | i Ffrainc. |
| | | | i'r Almaen. |

Repeat and understand this conversation:

Ma'n bryd i ni fynd i'r Alban.
> *Os ni'n mynd i'r Alban, rhaid i ni fynd i Loegr gynta.*
Os ni'n gyrru, ni'n mynd i Loegr gynta, wedyn ni'n cyrraedd yr Alban.
> *Os ni'n gyrru, rhaid i ti a fi yrru.*
Pryd ni'n gyrru, rhaid i ni aros bob dwy awr.
> *Ti eisiau gyrru?*
Na, os ni'n mynd yn y trên, ni'n gallu cysgu.

## See it, see them

| | | |
|---|---|---|
| cicio | to kick | *kikyo* |
| sgorio | to score | *sgoryo* |
| curo | to beat | *keeroh* |
| gweld | to see | *gooehld* |
| prynu | to buy | *pruhnee* |
| gêm | game | *gehm* |
| tocyn | ticket | *tokin* |
| ennill | to win | *ehnill* |
| colli | to lose | *kollee* |

**Ti di gweld y gôl?**
*tee dee gooehld uh gohl*
Did you see the goal?

**Fi di gweld e.**
*vee dee gooehld eh*
I've seen it.

**Ti ddim di gweld e.**
*tee thim dee gooehld eh*
You haven't seen it.

**Ti di gweld y gêm?**
*tee dee gooehld uh gehm*
Have you seen the game?

**Ni di gweld hi.**
*nee dee gooehld hee*
We've seen it.

**Ni di curo nhw.**
*nee dee keero noo*
We've beaten them.

**Nhw di curo ni.**
*noo dee keero nee*
They've beaten us.

**Nhw ddim di curo ni.**
*noo thim dee keero nee*
They haven't beaten us.

**Ni di ennill tri–dim.**
*nee dee ehnill tree–dim*
We've won three–nil.

**Oes tocyn 'da ti?**
*ohees tokin dah tee*
Have you got a ticket?

**Fi di prynu fe.**
*vee dee pruhnee veh*
I've bought it.

**Fi ddim di prynu fe.**
*vee thim dee pruhnee veh*
I haven't bought it.

**Fi di gwerthu fe.**
*vee dee gooehrthee veh*
I've sold it.

**Ti di gweld nhw?**
*tee dee gooehld noo*
Have you seen them?

**Now you try:**

| Fi | di | prynu | hi. |
|----|--------|---------|------|
| Ni | ddim di | gweld | e. |
| Chi | | gwerthu | nhw. |
| | | curo | |

**Some scores:**

dau–dau          two–two          *dahee–dahee*

Say these scores: look up the numbers in the 'Basics' section at the beginning of the book.

| | |
|---|---|
| 1–0 | un–dim |
| 7–2 | saith–dau |
| 4–3 | pedwar–tri |
| 30–20 | tri deg–dau ddeg |
| 15–8 | un deg pump–wyth |
| 37–15 | tri deg saith–undeg pump |
| 3–2 | tri–dau |
| 44–18 | pedwar deg pedwar–undeg wyth |

gweld nhw'n chwarae          see them play/playing

**Chi di gweld nhw'n chwarae?**          Have you seen them play?
*chee dee gooehld noon chwareh*
**Fi di gweld nhw'n colli.**          I've seen them lose.
*vee dee gooehld noon kollee*
**Ni di gweld nhw'n ennill.**          We've seen them win.
*nee dee gooehld noon ehnill*
**Ti di gweld fe'n chwarae?**          Have you seen him play?
*tee dee gooehld vehn chooareh*
**Fi ddim di gweld nhw'n sgorio.**          I haven't seen them score.
*vee thim dee gooehld noon sgoryo*
**Fi ddim di gweld dim.**          I haven't seen anything.
*vee thim dee gooehld dim*
**Fi ddim di gweld dim yn digwydd.**          I haven't seen anything happen.
*vee thim dee gooehld dim uhn digooidd*
**Ti di gweld Huw'n sgorio?**          Have you seen Huw scoring?
*tee dee gooehld hioon sgoryo*

yn erbyn          against          *uhn erbin*

**Ti di gweld nhw'n chwarae yn erbyn Abertawe?**
Have you seen them play against Swansea?
*tee dee gooehld noon chooareh uhn erbin abehrtaooeh*

**Ni'n chwarae yn erbyn Caerdydd.**
We're playing against Cardiff.
*neen chooareh uhn erbin kaheerdeeth*

**Now you try:**

| | | | | |
|---|---|---|---|---|
| Ti | di | gweld | fe'n | sgorio. |
| Ni | ddim di | | Huw'n | ennill. |
| Chi | | | nhw'n | colli. |
| Nhw | | | chi'n | chwarae. |
| | | | | chwarae yn erbyn Abertawe. |

**dod i weld**           to come to see
*dohd ee ooehld*
**mynd i weld**         to go to see
*mihnd ee ooehld*
**Ti'n dod i weld y gêm?**     Are you coming to see the game?
*teen dohd ee ooehld uh gehm*
**Fi'n dod i weld hi.**            I'm coming to see it.
*veen dohd ee ooehld hee*
**Ti'n mynd i weld y tîm?**    Are you going to see the team?
*teen mihnd ee ooehld uh teem*
**Ti'n mynd i weld y tîm yn chwarae?**
Are you going to see the team playing?
*teen mihnd ee ooehld uh teem uhn chooareh*
**Ti'n mynd i weld nhw'n chwarae?**
Are you going to see them playing?
*teen mihnd ee ooehld noon chooareh*

**tocyn**
ticket
*tokin*

**Heno**     tonight  *henoh*

| | | | | |
|---|---|---|---|---|
| Ti'n | dod | i weld | y gêm | heno. |
| Chi'n | mynd | | y tîm | |
| | | | fe'n | chwarae. |
| | | | nhw'n | |

**ddoe**
yesterday
*thohee*

**yfory**
tomorrow
*uhvoree*

**Repeat and understand this conversation:**

Ti'n dod i'r gêm?
> *Ydw, fi'n dod i weld y tîm yn chwarae.*

Pryd ma nhw'n chwarae?
> *Heno am saith. Ti'n dod i weld nhw?*

Ydw, fi'n dod i weld nhw wrth gwrs. Ti di gweld nhw'n ennill?
> *Na, fi di gweld nhw'n colli.*

Fi di gweld nhw'n ennill. Ti di cael tocyn?
> *Ydw, fi di cael e ddoe.*

Ni'n mynd i weld nhw'n chwarae yfory.

## That

| | | |
|---|---|---|
| **bo / bod** | that | |
| *bo / bohd* | | |
| **gwybod** | to know | |
| *goobod* | | |
| **credu** | to believe | |
| *krehdee* | | |
| **dweud** | to say | |
| *dooeheed* | | |
| **meddwl** | to think | |
| *meddool* | | |
| **gobeithio** | to hope | |
| *gobeheethyo* | | |

**Fi'n gwybod bo nhw'n mynd.**
I know that they're going.
*veen goobod bo noon mihnd*

**Ti'n credu bo fe'n cysgu?**
Do you think that he's sleeping?
*teen krehdee bo vehn kuhsgee*

**Fi'n gwybod bod hi'n codi.**
I know that she's getting up.
*veen goobod bod heen kodee*

**Ma hi'n credu bo fi'n gweithio.**
She believes that I'm working.
*mah heen krehdee bo veen gooeheethyo*

**Chi'n credu bo ni'n gwybod?**
Do you think that we know?
*cheen krehdee bo neen goobod*

### Now you try:

| | | | | |
|---|---|---|---|---|
| Ti'n | gwybod | bo | fi'n | codi. |
| Chi'n | credu | bod | ni'n | cysgu. |
| Ni'n | meddwl | | hi'n | gweithio? |
| Ma fe'n | | | fe'n | gyrru. |
| Ma hi'n | | | chi'n | bwyta? |
| | | | ni'n | |
| | | | nhw'n | |

| Chi'n gwybod bod e'n iawn. | | You know he's right. |
| --- | --- | --- |
| dda | good | *thah* |
| wael | bad | *waheel* |
| iawn | ok, allright | *eeahoon* |
| araf | slow | *arav* |
| gyflym | fast | *guhvlim* |
| rhad | cheap | *rhahd* |
| ddrud | expensive | *threed* |

Fi'n gwybod bod y car yn newydd.
I know that the car's new.
*veen goobod bohd uh kahr uhn nehooith*
Fi'n credu bod e'n gyflym.
I think it's fast.
*veen krehdee bohd ehn guhvlim*
Ni'n credu bod e'n hen.
We think it's old.
*neen krehdee bohd ehn hehn*
Ni'n gobeithio bod y pris yn iawn.
We hope that the price is right.
*neen gobeheethyo bohd uh prees uhn yahoon*
Ti'n credu bo fe'n rhad?
Do you think it's cheap?
*teen krehdee bo vehn rhahd*
Fi'n credu bo fe'n ddrud iawn.
I think it's very expensive.
*veen krehdee bo vehn threed eeahoon*

**Now you try:**

| Ti'n | gwybod | bod | y car yn | rhad. |
| --- | --- | --- | --- | --- |
| Chi'n | credu | | | ddrud. |
| Ni'n | meddwl | | | iawn. |
| Ma fe'n | | | | gyflym. |
| Ma hi'n | | bo | fe'n | araf. |
| | | | | hen. |
| | | | | newydd. |

**To say *that isn't*, add ddim:**

Fi'n credu bo fe ddim yn ddrud.
I think that it's not expensive.
*veen krehdee bo veh thihm uhn threed*
Ti'n gwybod bod y car ddim yn newydd?
Do you know that the car isn't new?
*teen goobod bohd uh kahr thihm uhn nehooith*

Now you try:

| Ti'n | gwybod | bod | y car | ddim yn | rhad. |
|------|--------|-----|-------|---------|-------|
| Chi'n | credu | | | | ddrud. |
| Ni'n | meddwl | | | | iawn. |
| Ma fe'n | | | | | gyflym. |
| Ma hi'n | | bo | fe | | araf. |
| | | | | | hen. |
| | | | | | newydd. |

Use **rhy** for *too*:

| rhy ddrud | too expensive | *rhee threed* |
|-----------|---------------|---------------|
| rhy gyflym | too fast | *rhee guhvlihm* |

| Ti'n | gwybod | bod y car | ddim yn | rhy | rad. |
|------|--------|-----------|---------|-----|------|
| Chi'n | credu | | | | ddrud. |
| Ni'n | meddwl | | | | iawn. |
| Ma fe'n | | | | | gyflym. |
| Ma hi'n | | | | | araf. |
| | | | | | hen. |
| | | | | | newydd. |

Repeat and understand this conversation:

Ti'n credu bo ni eisiau car newydd?
> *Fi'n credu bo ni.*

Fi'n credu bod car BMW yn dda.
> *Fi'n gobeithio bo ni'n mynd i gael Porsche!*

Na, fi'n gwybod bod Porsche'n ddrud.
> *Ti'n meddwl bod BMW yn rhad?*

Na, ond fi'n gobeithio bod ni'n gallu cael BMW.
> *Fi'n credu bod dim digon o arian 'da ni.*

Dim digon o arian?
> *Na, fi'n credu bo ni eisiau ffenestri dwbl.*

O diar.
> *Ti'n credu bo ni'n mynd i gael Ford Focus eto?*

### other forms

| bod y car ddim yn | that the car isn't | nad yw'r car |
|-------------------|--------------------|--------------| 
| bo fi'n | that I am | fy mod i'n |
| bo ti'n | that you are | dy fod ti'n |
| bo fe'n | that he is | ei fod e'n |
| bo hi'n | that she is | ei bod hi'n |
| bo ni'n | that we are | ein bod ni'n |
| bo chi'n | that you are | eich bod chi'n |
| bo nhw'n | that they are | eu bod nhw'n |

## Past tense

| | |
|---|---|
| **es i** *ehs ee* | I went |
| **des i** *dehs ee* | I came |
| **gwnes i** *goonehs ee* | I did |
| **ces i** *kehs ee* | I had |
| **codes i** *kohdes ee* | I got up |
| **gweles i** *gooehlehs ee* | I saw |

| I went (etc.) | mynd (to go) | dod (to come) |
|---|---|---|
| I went (etc.) | es i | des i |
| you went | est ti | dest ti |
| he went | aeth e | daeth e |
| she went | aeth hi | daeth hi |
| we went | aethon ni | daethon ni |
| you went | aethoch chi | daethoch chi |
| they went | aethon nhw | daethon nhw |

| gwneud (to do) | cael (to have) | codi (to get up) |
|---|---|---|
| gwnes i | ces i | codes i |
| gwnest ti | cest ti | codest ti |
| gwnaeth e | cas e | cododd e |
| gwnaeth hi | cas hi | cododd hi |
| gwnaethon ni | ceson ni | codon ni |
| gwnaethoch chi | cesoch chi | codoch chi |
| gwnaethon nhw | ceson nhw | codon nhw |

Most verbs are 'regular' and follow the pattern of **codi**.

Es i i'r dre ddoe.
*I went to town yesterday.*
*ehs ee eer dreh thohee*
Des i adre neithiwr.
*I came home last night.*
*dehs ee adreh neheetheeoor*
Gwnes i'r ardd wythnos diwetha.
*I did the garden last week.*
*goonehs eer arth ooeethnos diooehtha*
Codes i am wyth o'r gloch.
*I got up at 8 o'clock.*
*kodehs ee am ooeeth ohr glohch*
Daethoch chi adre'n gynnar?
*Did you come home early?*
*daheethoch chee adrehn guhnar*
Aethon nhw i Ffrainc y llynedd.
*They went to France last year.*
*aheethon noo ee phraheenk uh lluhneth*

These forms can also be used as questions.

Now you try:

| Es i | adre | am wyth o'r gloch. |
|---|---|---|
| Daeth e | i Gaerdydd | y llynedd. |
| Aethoch chi | i Ffrainc | ddoe. |
| Daethon nhw | i'r dre | bore ma. |
| | i'r coleg | neithiwr. |

Now make up questions (nothing need change, except add a question mark):

| Aethon ni | adre | am wyth o'r gloch? |
|---|---|---|
| Daeth e | i Gaerdydd | y llynedd? |
| Daeth hi | i Ffrainc | ddoe? |
| Aethoch chi | i'r dre | bore ma? |
| Daethon nhw | i'r coleg | neithiwr? |

To answer these, use:

Yes = Do
No = Na, or Naddo.
Now answer 'do' or 'naddo' to the questions you made up from the table above.

To say you didn't do something, just add **ddim**.

Aethon ni ddim i Paris.
*We didn't go to Paris.*
*aheethon nee thim ee Paris*
Daeth e ddim adre'n gynnar.
*He didn't come home early.*
*daheeth eh thim adrehn guhnar*
Daethoch chi ddim i'r coleg bore ma.
*You didn't come to college this morning.*
*daheethoch chee thim eer kolehg boreh ma*

Now you try:

| Aethon ni | ddim | adre | am wyth o'r gloch. |
|---|---|---|---|
| Daeth e | | i Gaerdydd | y llynedd? |
| Daeth hi | | i Ffrainc | ddoe? |
| Aethoch chi | | i'r dre | bore ma? |
| Daethon nhw | | i'r coleg | neithiwr? |

Two old men discuss where they went on holiday last year.

Aethon ni i Ffrainc y llynedd?
> *Do, aethon ni i Paris.*

Naddo, aethon ni ddim i Paris. Aethon ni i Bordeaux.
> *Do, wrth gwrs. Aethon ni i Marseilles wedyn.*

Naddo – aethon ni i Nice.
> *Do, wrth gwrs, odd Nice yn neis iawn. Sut daethon ni adre?*

Daethon ni adre ar y trên.
> *Naddo, daethon ni ar y bws!*

O wel, daethon ni adre!

**other forms**

| daethoch chi? | did you come? | ddaethoch chi? |
|---|---|---|
| daeth e ddim | he didn't come | ddaeth e ddim |

You may have noticed in this book that some words in Welsh can sometimes change their first letter.

There are scores of detailed rules on the changes, but the best practice is to use the words and their changes as they occur. Don't fret about this. You'll be understood without these changes.

But to look up words in a dictionary, you need to know what the changes can be. These letters can change:

| c | g | ngh | ch |
|---|---|-----|----|
| p | b | mh | ph |
| t | d | nh | th |
| g | – | ng | |
| b | f | m | |
| d | dd | n | |
| ll | l | | |
| m | f | | |
| rh | r | | |

So if you see a word beginning with 'm' or 'mh', that word in the dictionary could start with 'm', 'p' or 'b'.

Words are listed according to Welsh, rather than English, alphabetisation. The entry headings:

| A | DD | NG | L | P | T |
|---|----|----|----|----|----|
| B | E | H | LL | PH | TH |
| C | F | I | M | R | U |
| CH | FF | J | N | RH | W |
| D | G | K | O | S | Y |

Within the entries, words are alphabetised according to the English alphabet.

With noun entries, the plural form is indicated in one of two ways, depending on how it is created. If the plural is created by altering the root spelling of the singular noun, as with the noun 'abaty' (abbey) and its plural form 'abatai', it is indicated like this:

**abaty**/abatai

If, however, the plural is formed by adding an ending to the original noun, as with the noun 'dyn' and its plural form 'dynion', it is indicated by following the singular noun with the ending, like this:

**dyn**/-**ion**

## Abbreviations

| | |
|---|---|
| *adj.* | adjective |
| *adv.* | adverb |
| *art.* | article |
| *coll.* | colloquial |
| *conj.* | conjunction |
| *f.* | feminine |
| *inter.* | interjection |
| *interrog.* | interrogatory word |
| *m.* | masculine |
| *mf.* | masculine and feminine |
| *n.* | noun |
| *neg.* | negative word |
| *nf.* | feminine noun |
| *nm.* | masculine noun |
| *nmf.* | masculine and feminine noun |
| *npl.* | plural noun |
| *poss.* | possessive |
| *prep.* | preposition |
| *pron.* | pronoun |
| *rel. pron.* | relative pronoun |
| *sing.* | singular |
| *v.* | verb |
| *pl.* | plural |
| *vn.* | verb-noun |
| *num.* | numeral |
| *ord.* | ordinal |
| *+ S.M.* | followed by soft mutation |
| *+ N.M.* | followed by nasal mutation |
| *+ SP.M.* | followed by spirant mutation |
| *S.W.* | South Wales |
| *N.W.* | North Wales |

## A

**a** *conj.* + SP.M. and; *interrog.* + S.M.; rel. pron. + S.M. who, which, whom, that
**â** *conj.* + SP.M. with; *conj.* + SP.M. as
**ab** *nm.* son of
**abaty/abatai** *nm.* abbey
**aber/-oedd** *nm.* estuary
**Abertawe** Swansea
**Abergwaun** Fishguard
**abl** *adj.* able
**absennol** *adj.* absent
**absenoldeb** *nm.* absence
**ac** *conj.* and; ~ **eithrio** *prep.* except, apart from
**academaidd** *adj.* academic
**academi/academïau** *nf.* academy
**acen/-ion** *nm.* accent
**act/-au** *nf.* act
**actio** *v.* to act
**actor/-ion** *nm.* actor
**actores/-au** *nf.* actress
**acw** *adv.* yonder, there
**achlysur/-on** *nm.* occasion
**achos** *conj.* because; *prep.* because of; /-ion *nm.* cause; ~ **llys**/achosion llys *nm.* court case
**achosi** *v.* to cause
**achub** *v.* to save
**achwyn** *v.* to complain
**ad-daliad/-au** *nm.* repayment
**adain/adenydd** *nf.* wing
**adalw** *v.* to recall
**adar** *npl.* birds
**adeg/-au** *nf.* period, time
**adeilad/-au** *nm.* building
**adeiladol** *adj.* constructive
**adeiladu** *v.* to build
**adeiladwr/adeiladwyr** *nm.* builder
**aderyn/adar** *nm.* bird
**adfail/adfeilion** *nm.* ruin
**adfer** *v.* to restore
**adio** *v.* to add
**adlais/adleisiau** *nm.* echo
**adloniant** *nm.* entertainment
**adnabod** *v.* to know [a person, a place]
**adnewyddu** *v.* to renew
**adnod/-au** *nf.* verse [Biblical]
**adnodd/-au** *nm.* resource
**adolygiad/-au** *nm.* review
**adolygu** *v.* to revise, to review
**adran/-au** *nf.* department, section
**adre, adref** *adv.* homewards
**adrodd** *v.* to recite, to report
**adroddiad/-au** *nm.* report, recitation
**adwaith/adweithiau** *nm.* reaction
**adweithio** *v.* to react
**addas** *adj.* suitable
**addasu** *v.* to adjust
**addewid/-ion** *nmf.* promise
**addo** *v.* to promise; ~ **rhywbeth i rywun** to promise someone something
**addurn/-iadau** *nm.* decoration
**addurno** *v.* to decorate
**addurnol** *adj.* decorative
**addysgu** *v.* to educate, to teach
**aeddfed** *adj.* mature, ripe
**aeddfedu** *v.* to mature, to ripen
**ael/-iau** *nf.* brow
**aelod/-au** *nm.* member; ~ **Cynulliad** *nm.* Assembly Member; ~ **Seneddol** *nm.* Member of Parliament
**aer** *nf.* air; /ion *nm.* heir
**aeron** *npl.* berries
**afal/-au** *nm.* apple
**aflonyddu** *v.* to disturb, to molest
**afon/-ydd** *nf.* river
**afresymol** *adj.* unreasonable

**Affrica** *nf.* Africa
**Affricanaidd** *adj.* African
**Affricanes/-au** *nf.* African
**Affricanwr/Affricanwyr** *nm.* African
**agor** *v.* to open
**agos** *adj.* near; ~ **i'r dref** near the town
**agwedd/-au** *nmf.* attitude, aspect
**angel/angylion** *nm.* angel
**angen/anghenion** *nm.* need; ~ **rhywbeth ar rywun** someone needs something
**angenrheidiol** *adj.* essential, necessary
**anghenfil/angenfilod** *nm.* monster
**anghofio** *v.* to forget
**anghredadwy** *adj.* unbelievable
**anghwrtais** *adj.* discourteous
**anghyfarwydd** *adj.* unfamiliar
**anghyfreithlon** *adj.* illegal
**anghysurus** *adj.* uncomfortable
**anghywir** *adj.* wrong, incorrect
**angladd/-au** *nmf.* funeral
**angor/-au,-ion** *nf.* anchor
**ai** *inter.* used before nouns, verb-nouns, pronouns and adjectives
**ail** *adj.* second
**ail law** *adj.* second-hand
**ailadrodd** *v.* to repeat
**alcohol** *nm.* alcohol
**alergedd/-au** *nm.* allergy
**Almaeneg** *nf.* German language
**Almaenes/-au** *nf.* German
**Almaenig** *adj.* German
**Almaenwr/Almaenwyr** *nm.* German
**allan** *adv.* out
**allanfa/allanfeydd** *nf.* exit
**allanol** *adj.* exterior, external
**allfudo** *v.* to emigrate
**allwedd/-i** *nf.* key
**allweddell/-au** *nf.* keyboard [piano]
**am** *prep.* + S.M. for
**am byth** *adv.* forever
**amau** *v.* to doubt, to suspect
**ambell** *adj.* occasional, few
**ambiwlans/-ys** *nm.* ambulance
**amcangyfrif** *v.* to estimate
**amddiffyn** *v.* to defend
**amddiffynfa/amddiffynfeydd** *nf.* defence [physical]
**amddiffyniad/-au** *nm.* defence
**America** *f.* America
**Americanes/-au** *nf.* American
**Americanwr/Americanwyr** *nm.* American
**amgáu** *v.* to enclose
**amgueddfa/amgueddfeydd** *nf.* museum; ~ **Genedlaethol Cymru** Welsh National Museum; ~ **Werin Cymru** National Museum of Welsh Life
**amgylchedd/-au** *nm.* environment
**amgylchiad/-au** *nm.* circumstance
**amheuaeth/-au** *nf.* doubt
**amhosibl** *adj.* impossible
**aml** *adv.* often
**amlen/-ni** *nf.* envelope
**amlwg** *adj.* obvious, clear, evident
**amrwd** *adj.* raw, rough
**amryw** *adj.* several, various
**amrywiaeth/-au** *nm.* variety
**amrywiol** *adj.* various
**amser/-au** *nm.* time; ~ **llawn** *nm.* full time
**amserlen/-ni** *nf.* timetable
**amsugno** *v.* to absorb
**amwys** *adj.* ambiguous
**anabl** *adj.* disabled
**anadl/-au** *nmf.* breath
**anadlu** *v.* to breathe
**anaddas** *adj.* unsuitable

**anaf**/-iadau *nm.* injury
**anafu** *v.* to injure
**analluog** *adj.* unable
**anarferol** *adj.* unusual
**anferth** *adj.* huge
**anfon** *v.* to send; **~ ymlaen** *v.* to forward, to send on
**anfwytadwy** *adj.* inedible
**anhapus** *adj.* unhappy
**anhysbys** *adj.* unknown
**anifail**/anifeiliaid *nm.* animal; **~ anwes** *nm.* pet
**annhebyg** *adj.* unlikely
**annhebygol** *adj.* improbable
**annibynnol** *adj.* independent
**Annibynwyr** *npl.* Independents [*religious denomination*]
**annioddefol** *adj.* unbearable
**anniogel** *adj.* unsafe
**annog** *v.* to urge
**annwyl** *adj.* dear
**anodd** *adj.* difficult, hard
**anrheg**/-ion *nf.* present, gift
**anrhydedd**/-au *nm.* honour
**ansawdd**/ansoddau *nmf.* quality, condition, texture
**ansoddair**/ansoddeiriau *nm.* adjective
**antur**/-iau *nm.* venture
**anwastad** *adj.* uneven
**anwesu** *v.* to caress
**anwybyddu** *v.* to disregard
**anymwybodol** *adj.* unconscious
**apwyntiad**/-au *nm.* appointment
**ar** *prep.*+ *S.M.* on
**ar agor** open; **~ ben** finished, over; **~ draws** across; **~ frys** in haste; **~ gael** available; **~ ganol** in the middle of; **~ gau** closed; **~ gof** in memory; **~ goll** lost; **~ hap** accidentally; **ar hyd** *prep.* along; **~ ôl** *prep.* after; *adv.* left over; **~ unwaith** at once; **~ wahân** separate, apart; **~ werth** for sale
**Arab**/-iaid *nm.* Arab
**araf** *adj.* slow
**araith**/areithiau *nf.* speech
**arall** *adj.* other
**arbenigrwydd** *nm.* specialty
**arbennig** *adj.* special
**arch**/eirch *nf.* coffin
**archfarchnad**/-oedd *nf.* supermarket
**archwilio** *v.* to inspect
**archwiliwr**/archwilwyr *nm.* inspector, auditor
**ardal**/-oedd *nf.* area, region
**arddangos** *v.* to display
**arddangosfa**/arddangosfeydd *nf.* exhibition
**arddegwyr** *npl.* teenagers
**ardderchog** *adj.* excellent
**arddodiad**/arddodiaid *nm.* preposition
**arddwrn**/arddyrnau *nm.* wrist
**aren**/-nau *nf.* kidney
**arfer**/-ion *nm.* practice, habit
**arferol** *adj.* usual
**arfordir**/-oedd *nm.* coast
**argyhoeddi** *v.* to convince
**argymell** *v.* to recommend
**argymhelliad**/argymhellion *nm.* recommendation
**arian** *nm.* money, silver; *adj.* silver; **~ mân** *nm.* small change; **~ parod** *nm.* cash
**ariannol** *adj.* financial
**ariannwr**/ariannwyr *nm.* cashier
**arlywydd**/-ion *nm.* president
**arnofio** *v.* to float
**arogl**/-euon *nm.* smell, scent
**arogli** *v.* to smell
**arolygu** *v.* to survey, to supervise

**arolygydd**/arolygwyr *nm.* inspector, superintendent
**aros** *v.* to wait, to stay
**artiffisial** *adj.* artificial
**artist**/-iaid *nm.* artist
**arwain** *v.* to lead
**arweiniad** *nm.* lead
**arweinydd**/-ion *nm.* leader, conductor
**arwydd**/-ion *nmf.* sign
**arwyddo** *v.* to sign
**arholi** *v.* to examine
**arholiad**/-au *nm.* examination
**as** *nf.* ace
**asen**/-nau *nf.* rib
**asgwrn**/esgyrn *nm.* bone
**asgwrn cefn** *nm.* backbone
**Asia** *nf.* Asia
**Asiad**/Asiaid *nm.* Asian
**asiantaeth**/-au *nf.* agency
**astudiaeth**/-au *nf.* study
**astudio** *v.* to study
**at** *prep.* + *S.M.* at, towards, to, as far as
**atalnod**/-au *nm.* punctuation mark
**ateb**/-ion *nm.* answer; *v.* to answer
**atgoffa** *v.* to remind
**athletau** *npl.* athletics
**athletig** *adj.* athletic
**athletwr**/athletwyr *nm.* athlete
**athrawes**/-au *nf.* teacher
**athro**/athrawon *nm.* teacher
**aur** *nm.* gold; *adj.* gold
**awdur**/-on *nm.* author
**awdurdod**/-au *nm.* authority
**awdurdodi** *v.* to authorise
**awel**/-on *nf.* breeze
**Awst** *nm.* August
**awtomatig** *adj.* automatic
**awyr** *nf.* sky; **~ agored** *nf.* open air; **~ iach** *nf.* fresh air
**awyren**/-nau *nf.* aeroplane
**awyru** *v.* to ventilate

**B**

**baban**/-od *nm.* baby
**baco** *nm.* tobacco
**bacteria** *nm.* bacteria
**bach** *adj.* small
**bachgen**/bechgyn *nm.* boy
**bachu** *v.* to hook
**bachyn**/bachau *nm.* hook
**bad**/-au *nm.* boat
**bad achub** *nm.* lifeboat
**bae**/-au *nm.* bay
**bag**/-iau *nm.* bag
**bai**/beiau *nm.* fault
**balans**/-au *nm.* balance
**balch** *adj.* proud, glad
**bale** *nm.* ballet
**banc**/-iau *nm.* bank
**bancio** *v.* to bank
**banciwr**/bancwyr *nm.* banker
**band**/-iau *nm.* band
**band rwber** *nm.* rubber band
**baner**/-i *nm.* flag
**bannod** *nf.* article [*grammar*] **bar**/-iau *nm.* bar
**bara** *nm.* bread
**barbwr**/barbwyr *nm.* barber
**barddoniaeth** *nf.* poetry
**bargen**/bargeinion *nf.* bargain
**bargyfreithiwr**/bargyfreithwyr *nm.* barrister
**barn**/-au *nf.* opinion, judgement
**barnu** *v.* to judge
**barnwr**/barnwyr *nm.* judge
**bas** *adj.* shallow
**basged**/-i *nf.* basket
**basn**/-au *nm.* basin

**bath**/baddonau *nm.* bath
**bathdy brenhinol** *nm.* royal mint [*for making money, situated at Llantrisant, south Wales*]
**batri**/-s *nf.* battery
**baw** *nm.* dirt
**bawd**/bodiau *nmf.* thumb
**bedydd** *nm.* baptism
**bedyddio** *v.* to baptise
**Bedyddiwr**/Bedyddwyr *nm.* Baptist
**bedd**/-au *nm.* grave
**Beibl**/-au *nm.* Bible
**beic**/-iau *nm.* bicycle
**beichiog** *adj.* pregnant
**beirniadaeth**/-au *nf.* adjudication, criticism
**beirniadu** *v.* to criticise
**beiro**/-s *nm.* ballpoint pen
**Belgiad**/Belgiaid *nm.* Belgian
**ben i waered** *adv.* upside down
**bendithio** *v.* to bless
**benthyca** *v.* to borrow, to lend
**benthyciad**/-au *nm.* loan
**benthyg** *v.* to borrow, to lend
**benyw**/-od *nf.* woman
**benywaidd** *adj.* feminine
**berf**/-au *nf.* verb
**berwi** *v.* to boil
**betio** *v.* to bet
**beth** *interrog.* what
**bil**/-iau *nm.* bill
**biliwn**/biliynau *nf.* billion
**bin sbwriel** *nm.* rubbish bin
**blaen**/-au *nm.* front
**blaenorol** *adj.* previous
**blanced**/-i *nm.* blanket
**blas**/-au *nm.* taste
**blasu** *v.* to taste
**blasus** *adj.* tasty
**blawd** *nm.* flour
**blew'r llygad** *npl.* eyelashes
**blewyn**/blew *nm.* body hair
**blin** *adj.* sorry, tiresome; **mae'n flin 'da fi** I'm sorry
**blino** *v.* to tire
**bloc**/-iau *nm.* block
**blodyn**/-au *nm.* flower
**blodyn haul** *nm.* sunflower
**bloedd**/-iadau *nf.* shout, cry
**bloeddio** *v.* to shout
**bowlio** *v.* to bowl
**blows**/-ys *nf.* blouse
**blwch**/blychau *nm.* box; **~ llwch** *nm.* ashtray; **~ postio** *nm.* post box
**blwyddyn**/blynyddoedd *nf.* year; **~ naid** *nf.* leap year; **~ Newydd Dda!** Happy New Year!
**blynyddol** *adj.* annual
**bob** *adj. see* pob; **~ amser** always; **~ dydd** every day
**boch**/-au *nf.* cheek
**bod** *v.* to be; *pr.* that
**bodlon** *adj.* contented, satisfied
**bodloni** *v.* to satisfy
**bodolaeth** *nf.* existence
**bodoli** *v.* to exist
**bol**/-iau *nm.* stomach, belly
**bola**/boliau *nm.* belly
**bollt**/byllt *nf.* bolt
**bom**/-iau *nm.* bomb
**bonedd** *nm.* aristocracy
**bore**/-au *nm.* morning; **~ da** good morning; **~ 'ma** this morning
**bos**/-ys *nm.* boss
**botwm**/botymau *nm.* button; **~ bol** *nm.* belly button
**braf** *adj.* fine
**braich**/breichiau *nf.* arm

**braster**/-au *nm.* fat
**bratiaith** *nf.* patois
**brawd**/brodyr *nm.* brother
**brawd-yng-nghyfraith** *nm.* brother-in-law
**brawddeg**/-au *nf.* sentence
**brecwast**/-au *nm.* breakfast
**bregus** *adj.* frail
**breichled**/-au *nf.* bracelet
**brenhines**/breninesau *nf.* queen
**brenhinol** *adj.* royal
**brenin**/brenhinoedd *nm.* king
**brest** *nf.* breast, chest
**brifo** *v.* to hurt
**brig**/-au *nm.* top, summit
**briwsion** *npl.* crumbs
**bro**/-ydd *nf.* area, region
**brodor**/-ion *nm.* inhabitant, native
**brodorol** *adj.* native
**broga**/-od *nm.* frog
**bron**/-nau *nf.* breast; *adv.* almost
**brown** *adj.* brown
**brwd** *adj.* enthusiastic
**brwdfrydedd** *nm.* enthusiasm
**brwsh**/-ys *nm.* brush; **~ dannedd** tooth brush
**brwsio** *v.* to brush
**bryn**/-iau *nm.* hill
**brys** *nm.* haste
**brysio** *v.* to hurry
**buan** *adj.* soon
**buarth**/-au *nm.* yard
**budd**/-ion *nm.* benefit
**bugail**/bugeiliaid *nm.* shepherd
**busnes**/-au *nm.* business
**busneslyd** *adj.* nosy, meddlesome
**buwch**/buchod *nf.* cow
**bwa**/bwâu *nm.* bow
**bwced**/-i *nmf.* bucket
**bwlch**/bylchau *nm.* gap, pass [*mountain*]
**bwled**/-i *nf.* bullet
**bwrdd**/byrddau *nm.* table; **~ smwddio** *nm.* ironing table; **~ yr laith Gymraeg** *nm.* Welsh Language Board
**bwrw** *v.* to hit; **~ cesair** *v.* to hail; **~ eira** *v.* to snow; **~ glaw** *v.* to rain
**bws**/bysys *nm.* bus
**bwyd**/-ydd *nm.* food
**bwydlen**/-ni *nf.* menu
**bwydo** *v.* to feed
**bwyler**/-i *nm.* boiler
**bwytadwy** *adj.* edible
**bwyty**/bwytai *nm.* restaurant
**byd**/-oedd *nm.* world
**byd-eang** *adj.* world-wide
**bydysawd** *nm.* universe
**byddar** *adj.* deaf
**byddin**/-oedd *nf.* army
**bygwth** *v.* to threaten
**bygythiad**/-au *nm.* threat
**bylb**/-iau *nm.* bulb
**byr** *adj.* short
**byr-bryd**/-au *nm.* snack
**byrhau** *v.* to shorten
**bys**/-edd *nm.* finger
**bys bawd** *nm.* thumb
**bys troed** *nm.* toe
**bysellfwrdd** *nm.* keyboard [*computer*]
**byth** *adv.* ever, never
**bythgofiadwy** *adj.* unforgettable
**byw** *v.* to live; *adj.* alive
**bywyd**/-au *nf.* life

## C

**cabol** *nm.* polish
**caboli** *v.* to polish
**cacynen**/cacwn *nf.* wasp

**cadair**/cadeiriau *nf.* chair
**cadair freichiau** *nf.* armchair
**cadarn** *adj.* strong, steady
**cadarnhaol** *adj.* positive
**cadarnhau** *v.* to confirm
**cadw** *v.* to keep; **~ lle** *v.* to keep a place; **~ sŵn** *v.* to make a noise
**cadwyn**/-au *nf.* chain
**cae**/-au *nm.* field
**cael** *v.* to have, to obtain, to get; **~ gafael ar** *v.* to get hold of
**Caerdydd** Cardiff
**caffe**/-s *nm.* cafe
**caffi**/-s *nm.* cafe
**cais**/ceisiadau *em.* application
**cais**/ceisiau *nmf.* try [*rugby*]
**Calan** *nm.* New Year's day
**Calan Gaeaf** *nm.* Halloween
**Calan Mai** *nm.* May day
**caled** *adj.* hard, difficult
**calendr**/-au *nm.* calendar
**calon**/-nau *nf.* heart
**cam**/-au *nm.* step, wrong
**cam-drin** *v.* to abuse, to misuse
**camddeall** *v.* to misunderstand
**camddealltwriaeth** *nf.* misunderstanding
**camera**/camerâu *nf.* camera
**camera digidol** *nm.* digital camera
**camera fideo** *nm.* video camera
**camsyniad**/-au *nm.* mistake
**camu** *v.* to step
**cân**/caneuon *nf.* song
**Canada** *nf.* Canada
**Canades**/-au *nf.* Canadian
**Canadiad**/Canadiaid *nm.* Canadian
**canfod** *v.* to find, to discover
**caniatáu** *v.* to allow
**canlyniad**/-au *nm.* result
**cannwyll**/canhwyllau *nf.* candle
**canol**/-au *nm.* middle
**canol dydd** *nm* midday
**canol nos** *nm.* midnight
**canol y dref** *nm.* town centre
**canolfan groeso** *nf.* tourist information centre
**canolog** *adj.* central
**canrif**/-oedd *nf.* century
**canser**/-au *nm.* cancer
**cant**/cannoedd *nm.* hundred
**canu** *v.* to sing
**canŵ**/-au *nm.* canoe
**canwr**/cantorion *nm.* singer
**cap**/-iau *nm.* cap
**capel**/-i *nm.* chapel
**capten**/capteiniaid *nm.* captain
**car**/ceir *nm.* car
**carco** *v.* to baby-sit
**carchar**/-au *nm.* prison
**cardfwrdd** *nm.* cardboard
**cardota** *v.* to beg
**cardotyn**/cardotwyr *nm.* beggar
**caredig** *adj.* kind
**caredigrwydd** *nm.* kindness
**cariad**/-on *nm.* lover, love
**cario** *v.* to carry
**carped**/-i *nm.* carpet
**carreg**/cerrig *nf.* stone; **~ fedd** *nf.* grave stone; **~ filltir** *nf.* milestone
**cartref**/-i *nm.* home
**carthen**/-ni *nf.* quilt
**caru** *v.* to love
**cas** *adj.* nasty
**casáu** *v.* to hate
**casgliad**/-au *nm.* collection
**casglu** *v.* to collect
**casineb** *nm.* hate
**castell**/cestyll *nm.* castle
**catalog**/-au *nm.* catalogue

**cath**/-od *nf.* cat
**Catholig** *adj.* Catholic
**Catholigwr**/Catholigion *nm.* Catholic
**Catholigwraig**/Catholigwragedd *nf.* Catholic
**cau** *v.* to close
**cawl**/-iau *nm.* soup
**cawod**/-ydd *nf.* shower
**caws** *nm.* cheese
**CD**/au *nm.* CD
**CD-ROM** *nm.* CD-ROM
**cebl**/-au *nm.* cable
**cefn**/-au *nm.* back
**cefnder**/cefndyr *nm.* cousin
**cefnfor**/-oedd *nm.* ocean
**ceffyl**/-au *nm.* horse
**cegin**/-au *nf.* kitchen
**ceisio** *v.* to try, to attempt
**celficyn**/celfi *nm.* furniture
**celfyddyd** *nf.* art
**Celt**/-iaid *nm.* Celt
**celwydd**/-au *nm.* lie, untruth
**celwyddgi**/celwyddgwn *nm.* liar
**cell**/-oedd *nf.* cell
**cemegol** *adj.* chemical
**cenedl**/cenhedloedd *nf.* nation
**cenedlaethol** *adj.* national
**cenhinen**/cennin *nf.* leek
**cenhinen Bedr** *nf.* daffodil
**centimetr**/-au *nm.* centimeter
**cerdyn**/cardiau *nm.* card
**cerdyn credyd** *nm.* credit card
**cerdyn post** *nm.* postcard
**cerdd**/-i *nf.* poem, song
**cerddor**/-ion *nm.* musician
**cerddorfa**/cerddorfeydd *nf.* orchestra
**cerddoriaeth** *nf.* music
**cerddwr**/cerddwyr *nm.* walker
**cerflun**/-iau *nm.* statue
**cês**/cesys *nm.* case
**cesail**/ceseiliau *nf.* armpit
**cesair** *nm.* hail
**cicio** *v.* to kick
**cig**/-oedd *nm.* meat
**cigydd**/-ion *nm.* butcher
**cildwrn**/cildyrnau *nm.* tip [*money*]
**cilo**/-s *nm.* kilo
**cilometr**/-au *nm.* kilometer
**cinio**/ciniawau *nmf.* dinner, lunch
**cist**/-iau *nf.* safe, box
**cist car** *nf.* car boot
**claddu** *v.* to bury
**claear** *adj.* lukewarm
**clais**/cleisiau *nf.* bruise
**clasurol** *adj.* classical
**clefyd**/-au *nm.* disease, illness; **~ gwenerol** venereal disease
**cleient**/-iaid *nm.* client
**clinig**/-au *nm.* clinic
**clir** *adj.* clear
**clo**/-eon *nm.* lock
**cloc**/-iau *nm.* clock; **~ larwm** alarm clock
**cloch**/clychau *nm.* bell
**cloff** *adj.* lame
**cloffi** *v.* to limp
**clogwyn**/-i *nm.* cliff
**cloi** *v.* to lock
**clorian**/-nau *nf.* scales [*for weighing*]
**clun**/-iau *nf.* hip
**clustog**/-au *nf.* cushion
**clwb**/clybiau *nm.* club; **~ dawnsio** dancing club
**clwyd**/-i *nf.* gate
**clyfar** *adj.* clever, smart
**clymu** *v.* to tie
**clyw** *nm.* hearing
**clywed** *v.* to hear

**cneuen**/cnau *nf.* nut
**cnoc**/-iau *nm.* knock
**cnocio** *v.* to knock
**cnoi** *v.* to bite
**coch** *adj.* red
**cod**/-au *nm.* code; ~ **post** post code
**codi** *v.* to pick up, to rise, to get up; ~ **arian** to raise money
**codiad**/-au *nm.* rise, erection; ~ **cyflog** pay rise; ~ **haul** sunrise
**coeden**/coed *nf.* tree
**coes**/-au *nf.* leg
**cof**/-ion *nm.* memory; **~ion gorau** best wishes
**cofiadwy** *adj.* memorable
**cofio** *v.* to remember; **cofiwch fi at Huw** give Huw my regards
**cofnod**/-ion *nm.* minute, record
**cofnodi** *v.* to record
**cofrestr**/-i/-au *nf.* register
**cofrestru** *v.* to register
**cofrodd**/-ion *nf.* souvenir
**coffi** *nm.* coffee
**coginio** *v.* to cook
**cogydd**/-ion *nm.* cook
**cogyddes**/-au *nf.* cook
**coleg**/-au *nm.* college; ~ **addysg bellach** technical school; **i'r coleg** to college
**colofn**/-au *nf.* column
**colur**/-on *nm.* make-up
**colled**/-ion *nf.* loss
**colli** *v.* to lose
**comisiwn**/comisiynau *nm.* commission
**comisiynydd** *nm.* commissioner; ~ **iaith** language commissioner
**concrit** *nm.* concrete
**condemnio** *v.* to condemn
**condom**/-au *nm.* condom
**conswl**/consylau *nm.* consul
**copa**/-on *nf.* summit
**copi**/copïau *nm.* copy
**copïo** *v.* to copy
**corcyn**/cyrc *nm.* cork
**corff**/cyrff *nm.* body
**corfforol** *adj.* physical
**corn**/cyrn *nm.* horn
**cornel**/-i *nmf.* corner
**cors**/-ydd *nf.* bog, fen
**cortyn**/-nau *nm.* string
**cosb**/-au *nf.* punishment
**cosbi** *v.* to punish
**cosi** *v.* to tickle, to itch
**cot**/-iau *nf.* coat; ~ **fawr** overcoat
**cotwm** *nm.* cotton
**crac**/-iau *nm.* crack; *adj.* angry
**cracio** *v.* to crack
**crafu** *v.* to scratch
**cragen**/cregyn *nf.* shell
**crai** *adj.* raw
**craidd**/creiddiau *nm.* core
**craig**/creigiau *nf.* rock
**craith**/creithiau *nf.* scar
**crebachu** *v.* to shrink
**cred**/-au *nf.* belief
**credu** *v.* to believe
**crefydd**/-au *nf.* religion
**crefyddol** *adj.* religious
**crefft**/-au *nf.* craft
**crefftwr**/crefftwyr *nm.* craftsman-
**creu** *v.* to create
**crib**/-au *nf.* comb, ridge
**cribo** *v.* to comb
**criced** *nm.* cricket
**crio** *v.* to cry
**Cristion**/-ogion, Cristnogion *nm.* Christian
**Cristnogol** *adj.* Christian
**criw**/-iau *nm.* crew

**crochenwaith** *nm.* pottery
**croen**/crwyn *nf.* skin
**croes**/-au *nf.* cross; *adj.* cross
**croesair**/croeseiriau *nm.* crossword
**croesi** *v.* to cross
**croeso** *nm.* welcome
**crogi** *v.* to hang
**cromlech**/-i *nf.* cromlech, dolmen
**cropian** *v.* to crawl
**crwn** *adj.* round
**crwt**/cryts *nm.* boy, lad
**cryf** *adj.* strong
**cryno** *adj.* brief, concise
**crynodeb**/-au *nm.* summary
**crys**/-au *nm.* shirt
**cuddio** *v.* to hide
**cul** *adj.* narrow
**cur calon** *nm.* heart attack
**cur pen** *nm.* headache [N.W.]
**curiad calon** *nm.* heartbeat
**curo** *v.* to beat
**cusan**/-au *nf.* kiss
**cusanu** *v.* to kiss
**cwch**/cychod *nm.* boat; ~ **gwenyn** beehive; ~ **hwylio** sailing boat
**cweryla** *v.* to quarrel
**cwestiwn**/cwestiynau *nm.* question
**cwlwm**/clymau *nm.* knot
**cwm**/cymoedd *nm.* valley
**cwmni**/cwmnïau *nm.* company; ~ **awyrennau** airline
**cwmwl**/cymylau *nm.* cloud
**cwningen**/cwningod *nf.* rabbit
**cwpan**/-au *nmf.* cup
**cwpwrdd**/cypyrddau *nm.* cupboard; ~ **llyfrau** bookcase
**cwrdd**/cyrddau *nm.* meeting; *v.* to meet; **rwy'n falch o gwrdd â chi** I'm glad to meet you
**cwrs**/cyrsiau *nm.* course
**cwrtais** *adj.* courteous
**cwrw** *nm.* beer
**cwsg** *nm.* sleep
**cwsmer**/-iaid *nm.* customer
**cwt**/cytau *nm.* queue
**cwyn**/-ion *nmf.* complaint
**cwyno** *v.* to complain
**cybydd**/-ion *nm.* miser
**cybyddlyd** *adj.* miserly
**cychwyn** *v.* to start
**cychwynnol** *adj.* initial
**cydnabod** *v.* to acknowledge
**cydnabyddiaeth**/-au *nf.* acknowledgement
**cydraddoldeb** *nm.* equality
**cydymdeimlad** *nm.* sympathy
**cyfaddef** *v.* to admit
**cyfaddefiad**/-au *nm.* admission
**cyfaill**/cyfeillion *nm.* friend
**cyfan** *adj.* whole
**cyfandir**/-oedd *nm.* continent
**cyfansoddi** *v.* to compose
**cyfansoddwr**/cyfansoddwyr *nm.* composer
**cyfanswm**/cyfansymiau *nm.* total
**cyfarch** *v.* to greet
**cyfarfod**/-ydd *nm.* meeting; *v.* to meet
**cyfartal** *adj.* equal
**cyfartaledd**/-au *nm.* average
**cyfateb** *v.* to correspond
**cyfathrebu** *v.* to communicate
**cyfeillgar** *adj.* friendly
**cyfeiriad**/-au *nm.* address, direction
**cyfeirio** *v.* to direct
**cyfenw**/-au *nm.* surname
**cyfiawnder** *nm.* justice
**cyfieithu** *v.* to translate
**cyfieithydd**/cyfieithwyr *nm.* translator
**cyflawn** *adj.* complete

125

**cyflawni** v. to accomplish
**cyfleus** adj. convenient
**cyflog**/-au nmf. pay, salary
**cyflwr**/cyflyrau nm. condition.
**cyflwyniad**/-au nm. presentation, introduction
**cyflwyno** v. to present, to introduce
**cyflym** adj. fast, quick
**cyflymder**/-au nm. speed
**cyflymu** v. to accelerate
**cyfnewid** v. to exchange
**cyfnither**/-od nf. cousin
**cyfnod**/-au nm. period, era
**cyfoes** adj. contemporary
**cyfoeth** nm. wealth
**cyfoethog** adj. rich
**cyfog** nm. vomit
**cyfoglyd** adj. sickening
**cyfradd**/-au nf. rate; **~ gyfnewid** exchange rate
**cyfraith**/cyfreithiau nf. law
**cyfredol** adj. current
**cyfreithiwr**/cyfreithwyr nm. solicitor
**cyfres**/-i -i nf. series
**cyfrif**/-on nm. account; v. to count
**cyfrifiadur**/-on nm. computer; **~ pen-lin** laptop
**cyfrifiannell**/-au nf. calculator
**cyfrifo** v. to count
**cyfrifol** adj. responsible
**cyfrifoldeb**/-au nm. responsibility
**cyfrifydd**/-ion nm. accountant
**cyfrinach**/-au nf. secret
**cyfrinachol** adj. secret
**cyfun** adj. comprehensive
**cyfuniad**/-au nm. combination
**cyfweld** v. to interview
**cyfweliad**/-au nm. interview
**cyfyng** adj. narrow, constricted
**cyfyngu** v. to restrict
**cyffredin** adj. common
**cyffredinol** adj. general
**cyffro**/-adau nm. excitement
**cyffroi** v. to excite
**cyffrous** adj. exciting
**cyffur**/-iau nm. drug
**cyffwrdd** v. to touch
**cyngerdd**/cyngherddau nmf. concert
**cynghrair**/cynghreiriau nm. league
**cyngor**/cynghorion nm. advice
**cyngor**/cynghorau nm. council
**cyhoeddi** v. to publish
**cyhoeddiad**/-au nm. publication
**cyhoeddus** adj. public
**cyhoeddwr**/cyhoeddwyr nm. publisher
**cyhuddo** v. to accuse
**cyhyr**/-au nm. muscle
**cyhyrog** adj. muscular
**cylch**/-oedd nm. circle; **~ chwarae** playgroup
**cylchfan**/-nau nf. roundabout
**cylchgrawn**/cylchgronau nm. magazine
**cyllell**/cyllyll nf. knife; **~ boced** pocket-knife; **~ fara** bread knife
**cyllideb**/-au nf. budget
**cymdeithas**/-au nf. society; **~ yr Iaith** Welsh Language Society
**cymdogol** adj. neighbourly
**cymedrol** adj. moderate
**cymeradwyo** v. to approve
**cymeriad**/-au nm. character
**cymhariaeth**/cymariaethau nf. comparison
**cymharu** v. to compare
**cymhelliad**/cymhellion nm. motive
**cymorth**/cymhorthion nm. aid, help
**cymryd** v. to take
**cymydog**/cymdogion nm. neighbour

**cymysg** adj. mixed
**cymysgu** v. to mix
**cyn** prep. before
**cynefino** v. to familiarize
**cynhadledd**/cynadleddau nf. conference; **~ fideo** video conference
**cynhaeaf**/cynaeafau nm. harvest
**cynhwysydd**/cynwysyddion nm. container
**cynhyrchu** v. to produce
**cynllun**/-iau nm. plan
**cynnes** adj. warm
**cynnig**/cynigion nm. offer; v. to offer
**cynnwys** nm. contents; v. to contain
**cynnydd** nm. increase
**cynnyrch**/cynhyrchion nm. produce
**cynorthwy-ydd**/cynorthwy-yddion** nm. helper
**cynorthwyo** v. to aid, to help
**cynorthwywr**/cynorthwywyr nm. helper
**cynorthwywraig**/cynorthwywragedd nf. helper
**cynrychioli** v. to represent
**cynrychiolydd**/cynrychiolwyr nm. delegate, representative
**cyntaf** adj. first
**cyntedd**/-au nm. hallway
**cyntun** nm. nap
**cynulliad**/-au nm. assembly, gathering; **~ Cenedlaethol Cymru** National Assembly for Wales
**cynyddu** v. to increase
**cyplysnod**/-au nm. hyphen
**cyrliog** adj. curly
**cyrraedd** v. to arrive
**cysgod**/-ion nm. shadow, shelter
**cysgodi** v. to shelter
**cysgu** v. to sleep
**cyson** adj. regular
**cystadleuaeth**/cystadlaethau nf. competition
**cystadlu** v. to compete
**cysuro** v. to comfort
**cysurus** adj. comfortable
**cyswllt**/cysylltau nm. connection
**cysylltiad**/-au nm. connection
**cysylltu** v. to connect
**cytsain**/cytseiniaid nf. consonant
**cytundeb**/-au nm. agreement
**cytuno** v. to agree
**cyw**/-ion nm. chicken; **~ iâr** chicken
**cywilydd** nm. shame
**cywilyddus** adj. shameful, disgraceful
**cywir** adj. correct
**cywiro** v. to correct

## CH

**chi** pr. you
**chwaer**/chwiorydd nf. sister
**chwaer-yng-nghyfraith** nf. sister-in-law
**chwaethus** adj. tasteful
**chwalu** v. demolish, shatter
**chwant bwyd** nm. appetite; **mae ~ arna i** I'm hungry
**chwarae** v. to play; **~ teg** fair play
**chwaraeon** npl. games, sport
**chwaraewr**/chwaraewyr nm. player; **~ CD** CD player
**chwarter**/-i nm. quarter
**chwe** num. six [used in front of nouns]
**chwech** num. six
**chwedl**/-au nf. tale, legend
**Chwefror** nm. February
**chwerthin** v. to laugh
**chwerw** adj. bitter

126

**chwilio** v. to search, to look for; **~ am** to look for

**chwistrell**/-au nf. syringe, spray; **~ gwallt** nf. hair spray

**chwistrellu** v. to spray, to inject

**chwith** adj. left

**chwyddo** v. to swell

**chwyddwydr**/-au nm. magnifying glass

**chwydu** v. to vomit

**chwyrnu** v. to snore

# D

**da** adj. good

**dad** nm. dad

**dadl**/-euon nf. debate

**dadlaith** v. to thaw

**dadlwytho** v. to unload

**dadwisgo** v. to undress

**daear**/-au nf. earth

**daearyddiaeth** nf. geography

**dal** v. to catch, to continue; **dal i weithio** to continue working

**dalen**/-nau nf. page

**dall** adj. blind

**dallineb** nm. blindness

**damwain**/damweiniau nf. accident; **ar ddamwain** accidentally

**dan** prep.+ S.M. under; **~ do** indoors

**danfon** v. to send

**dangos** v. to show

**dannodd** nf. toothache

**dant**/dannedd nm. tooth

**darbodus** adj. economical

**darlith**/-iau/-oedd nf. lecture

**darlithio** v. to lecture

**darlithydd**/darlithwyr nm. lecturer

**darlun**/iau nm. picture

**darlunio** v. to illustrate

**darllen** v. to read

**darllenydd**/darllenwyr nm. reader

**darn**/-au nm. piece; **~ arian** coin; **~ sbâr** spare part

**darpariaeth**/-au nf. provision

**darparu** v. to provide

**datgan** v. to declare

**datganiad**/-au nm. declaration

**dathlu** v. to celebrate

**datod** v. to untie

**dau** num.m. + S.M. two

**dawnsio** v. to dance

**dde** adj. right

**ddoe** adv. yesterday

**de** nm. south; adj. right

**deall** v. to understand

**deallus** adj. intelligent, smart

**deallusrwydd** nm. intelligence

**dechrau** v. to start

**dechreuad**/-au nm. start, beginning

**dechreuwr**/dechreuwyr nm. learner

**defnydd**/-iau nm. use, material

**defnyddio** v. to use

**defnyddiol** adj. useful

**deffro** v. to waken, to awake

**deg** num. ten

**degawd**/-au nm. decade

**dehongli** v. to interpret

**deilen**/dail nf. leaf

**deintydd**/-ion m. dentist

**delfryd**/-au nf. ideal

**delfrydol** adj. ideal

**delio** v. to deal

**delwedd**/-au nf. image

**deniadol** adj. attractive

**denu** v. to attract

**derbyn** v. to accept

**derbyniad**/-au nm. reception

**derbynneb**/derbynebau nf. receipt

**derbynnydd**/derbynyddion nm. receptionist

**dethol** v. to select; adj. select

**detholiad**/-au nm. selection

**deunydd**/-iau nm. material

**dewin**/-iaid nm. magician

**dewis**/-iadau nm. choice; v. to choose

**di-hid** adj. indifferent

**di-rym** adj. powerless

**di-werth** adj. valueless

**dianc** v. to escape

**diangen** adj. unnecessary

**dibynadwy** adj. dependable

**dibynnu** v. to depend

**dicter** nm. rage, anger

**diderfyn** adj. endless

**diddanu** v. to entertain

**diddiwedd** adj. endless

**diddordeb**/-au nm. interest

**diddorol** adj. interesting

**difetha** v. to destroy

**difrifol** adj. serious

**diffodd** v. to extinguish

**diffoddwr**/diffoddwyr nm. extinguisher

**diffyg**/-ion nm. lack, defect, fault; **~ cwsg** lack of sleep; **~ traul** indigestion

**dig** adj. angry

**digon** nm. enough; **~ o fwyd** enough food

**digwydd** v. to happen

**digwyddiad**/-au nm. happening

**dihareb**/diarhebion nf. proverb

**dileu** v. to delete

**dilyn** v. to follow

**dilys** adj. genuine

**dilysu** v. to verify

**dilledyn**/dillad nm. garment

**dillad** npl. clothes ; **~ gwely** bedclothes; **~ isaf** underwear

**dim** nm. nothing; **~ byd** nothing; **~ ond** only

**dinas**/-oedd nf. city

**dinesydd**/dinasyddion nm. citizen

**diniwed** adj. innocent

**diod**/-ydd nf. drink

**dioddef** v. to suffer

**diog** adj. lazy

**diogel** adj. safe

**diogelwch** nm. safety

**diogyn** nm. lazybones

**diolch**/-iadau nm. thanks; **~ yn fawr** thank you very much

**diolchgar** adj. thankful

**diosg** v. to undress, to take off

**dirwy**/-on nf. fine [punishment]

**disglair** adj. bright

**disgleirio** v. to shine

**disgownt**/-iau nm. discount

**disgwyl** v. to expect

**disgwyliad**/-au nm. expectation

**disodli** v. to replace

**distrywio** v. to destroy

**diwedd**/-au nm. end

**diweddar** adj. recent

**diwethaf** adj. last

**diwrnod**/-au nm. day

**diwydiannol** adj. industrial

**diwydiant**/diwydiannau nm. industry

**diwylliannol** adj. cultural

**diwylliant**/diwylliannau nm. culture

**do** adv. yes

**dod** v. to come; **~ â** to bring; **~ yn** to become

**dodwy** v. to lay [egg]

**dolur**/-iau nm. pain

**doniol** adj. funny

**dosbarth**/dosbarthiadau nm. class; **~ meithrin** kindergarten

**drama**/dramâu *nf.* drama
**dre** *nf.* town; *see* tref
**drewi** *v.* to stink
**dringo** *v.* to climb
**dros** *prep.*+ *S.M.* over; **~ dro** temporary
**drud** *adj.* expensive
**drwg** *adj.* bad, naughty
**drwgdybio** *v.* to suspect
**drych**/-au *nm.* mirror
**dryll**/-au *nmf.* gun
**du** *adj.* black
**dull**/-iau *nm.* method
**dur** *nm.* steel
**duw**/-iau *nm.* god
**dw i wedi** *v.* I have
**dw i'n** *v.* I'm
**dweud** *v.* to say; **~ wrth** + *S.M.* to tell
**dwfn** *adj.* deep
**dŵr** *nm.* water; **~ tap** tap water
**dwrn**/dyrnau *nm.* fist
**dwy** *num. f.*+ *S.M.* two
**dwyieithog** *adj.* bilingual
**dwyn** *v.* to steal
**dwyrain** *nm.* east
**dy** *pron.*+ *S.M.* your
**dychmygu** *v.* to imagine
**dychwelyd** *v.* to return
**dychymyg**/dychmygion *nm.* imagination
**dydd**/-iau *nm.* day; **~ Calan** New Year's Day; **~ Llun** Monday; **~ gwaith** weekday
**dyddiad**/-au *nm.* date
**dyddiol** *adj.* daily
**dyfais**/dyfeisiau *nf.* device
**dyfalu** *v.* to guess
**dyfarniad**/-au *nm.* adjudication
**dyfarnwr**/dyfarnwyr *nm.* referee
**dyfeisio** *v.* to devise
**dyfnder**/-au *nm.* depth
**dyfodol** *nm.* future
**dyfyniad**/-au *nm.* quotation
**dyffryn**/-noedd *nm.* vale
**dyled**/-ion *nf.* debt
**dymuno** *v.* to wish
**dyn**/-ion *nm.* man; **~ tân** fireman
**dyn ni wedi** *v.* we have
**dyn ni'n** *v.* we are
**dynesu** *v.* to approach
**dynol** *adj.* human
**dysgu** *v.* to learn, to teach
**dyweddïad**/dyweddïadau *nm.* engagement
**dyweddïo** *v.* to become engaged

**E**

**e** *pron.* he, him
**e-bost** *n.m.* e-mail
**e-bostio** *v.* to e-mail
**eang** *adj.* broad
**eangfrydig** *adj.* broadminded
**ebol**/-ion *nm.* foal
**Ebrill** *nm.* April
**echdoe** *adv.* day before yesterday
**edifarhau** *v.* to regret
**edmygu** *v.* to admire
**edrych** *v.* to look; **~ ar ôl** to look after
**ef** *pron.* he
**efallai** *adv.* perhaps
**efelychiad**/-au *nm.* imitation
**efelychu** *v.* to imitate
**effeithio** *v.* to effect
**eglwys**/-i *nf.* church; **~ gadeiriol** cathedral; **yr ~ yng Nghymru** the Church in Wales
**egni**/egnïon *nm.* energy
**egnïol** *adj.* energetic
**egwyddor**/-ion *nf.* principle

**ei** *pron.* his + *S.M.*, her + *SP.M.*
**eich** *pron.* your
**Eidaleg** *nf.* Italian [*language*]
**Eidales**/-au *nf.* Italian
**Eidalwr**/Eidalwyr *nm.* Italian
**eiddigedd** *nm.* jealousy
**eiddigeddus** *adj.* jealous
**eiddo** *nm.* property
**eillio** *v.* to shave
**eilliwr**/eillwyr *nm.* razor
**ein** *pron.* our
**eira** *nm.* snow; **bwrw ~** to snow
**eisiau** *nm.* want; **mae ~ te arna i** I need tea
**eisoes** *adv.* already
**eistedd** *v.* to sit
**eisteddfod**/-au *nf.* Welsh cultural competitive festival; **~ Genedlaethol Cymru** Welsh National Eisteddfod
**eitem**/-au *nf.* item
**eithaf**/-ion *nm.* extremity; *adv.* quite
**eithafol** *adj.* extreme
**eithriad**/-au *nm.* exception
**elw** *nm.* profit
**enaid**/eneidiau *nm.* soul
**enfawr** *adj.* huge
**enfys**/-au *nf.* rainbow
**enghraifft**/enghreifftiau *nf.* example
**ennill** *v.* to win
**ennyd** *nf.* moment
**ensyclopedia** *nm.* encyclopaedia
**enw**/-au *nm.* name; **~ da** reputation; **~ blaen** first name; **~ morwynol** maiden name
**enwog** *adj.* famous
**enwogrwydd** *nm.* fame
**er** *pron.* although
**eraill** *adj.* other; *npl.* others
**erchyll** *adj.* horrible
**ergyd**/-ion *nm.* shot
**erioed** *adv.* ever
**ers** *pron.* since
**erthygl**/-au *nf.* magazine article
**erthyliad**/-au *nm.* abortion
**esboniad**/-au *nm.* explanation
**esbonio** *v.* to explain
**esgid**/-iau *nf.* shoe; **esgidiau glaw** wellingtons; **esgidiau sglefrio** skates
**esgus**/-odion *nm.* excuse
**esgusodi** *v.* to excuse
**esgyn** *v.* to rise, to ascend
**esiampl**/-au *nf.* example
**estron** *adj.* foreign
**estronwr**/estroniaid *nm.* stranger
**eto** *adv.* yet, again
**eu** *pron.* their
**euog** *adj.* guilty
**euogrwydd** *nm.* guilt
**ewro**/-s *nm.* euro
**Ewrop** *nf.* Europe
**Ewropead**/Ewropeaid *nm.* European
**Ewropeaidd** *adj.* European
**ewythr**/-edd *nm.* uncle

**F**

**fan**/-iau *nf.* van
**fan yma** *adv.* here
**fanila** *nm.* vanilla
**fe** *pron.* he, him
**fel** *conj.* like; **~ arfer** usually, as usual
**felly** *adv.* so
**fi** *pron.* me
**fi di** *v.* I have
**fi'n** *v.* I am
**fin nos** *adv.* at nightfall
**fisa**/-s *nm.* visa

**fitamin**/-au *nm.* vitamin
**fod** *v.* to be; *pr.* that
**foltedd**/-au *nm.* voltage
**fy** *pron.* + *N.M.* my

## FF

**ffa** *npl.* beans; ~ **dringo** runner beans
**ffafr**/-au *nf.* favour
**ffefryn**/-nau *nm* favourite
**ffeil**/-iau *nf.* file
**ffeindio** *v.* to find
**ffenest**/-ri *nf.* window
**ffenestr**/-i *nf.* window
**ffens**/-ys *nf.* fence
**fferi** *s nf.* ferry
**fferyllydd**/fferyllwyr *nm.* pharmacist
**ffi**/ffioedd *nm.* fee
**ffibr**/-au *nm.* fibre
**ffilm**/-iau *nf.* film
**ffit** *adj.* fit
**ffitio** *v.* to fit
**ffiws**/-ys *nm.* fuse
**fflach**/-iadau *nm.* flash
**fflachlamp**/-au *nf.* torch
**fflam**/-au *nf.* flame
**fflat**/-iau *nf.* flat; *adj.* flat
**ffliw** *nm.* flu
**ffôl** *adj.* foolish
**ffon**/ffyn *nf.* stick
**ffôn**/ffonau *nm.* telephone; ~ **bach** mobile phone; ~ **symudol** mobile phone
**ffonio** *v.* to telephone
**fforc**/ffyrc *nf.* fork
**ffordd**/ffyrdd *nf.* way
**fforddio** *v.* to afford
**fforest**/-ydd *nf.* forest
**fformiwla**/fformiwlâu *nf.* formula
**ffotograff**/-au *nm.* photograph
**Ffrainc** *nf.* France
**ffrâm**/fframiau *nf.* frame
**Ffrances**/-au *nf.* Frenchwoman
**Ffrancwr**/Ffrancwyr *nm.* Frenchman
**Ffrangeg** *f.* French
**ffres** *adj.* fresh
**ffrind**/-iau *nm.* friend
**ffrio** *v.* to fry
**ffrwd**/ffrydiau *nf.* stream
**ffrwydrad**/-au *nm.* explosion
**ffrwydro** *v.* to explode
**ffrwyth**/-au *nm.* fruit
**ffurf**/-iau *nf.* form
**ffurfio** *v.* to form
**ffurfiol** *adj.* formal
**ffwng**/ffyngau *nm.* fungus
**ffŵl**/ffyliaid *nm.* fool
**ffwr**/ffyrau *nm.* fur
**ffwrn**/ffyrnau *nf.* oven
**ffynnon**/ffynhonnau *nf.* fountain

## G

**gadael** *v.* to leave
**gaeaf**/-au *nm.* winter
**gafael** *v.* to grasp; *nf.* grasp
**gafr**/geifr *nf.* goat
**gair**/geiriau *nm.* word
**galar** *nm.* mourning
**galw**/-adau *nm.* call; *v.* to call
**galwyn**/-i *nm.* gallon
**gallu** *nm.* ability; *v.* to be able; ~ **gweld** to be able to see
**galluog** *adj.* able
**gamblo** *v.* to gamble
**gan** *prep.* + *S.M.* by, with
**gardd**/gerddi *nf.* garden
**garddwr**/garddwyr *nm.* gardener

**garej**/-ys *nm.* garage
**garlleg** *nf.* garlic
**gartref** *adv.* at home
**gât**/gatiau *nm.* gate
**gefell**/gefeilliaid *nm.* twins
**geirfa**/geirfâu *nf.* vocabulary
**geiriadur**/-on *nm.* dictionary
**gelyn**/-ion *nm.* enemy
**gem**/-au *nm.* gem
**gêm**/gemau *nf.* game; ~ **ryngwladol** international game
**gemwaith** *nm.* jewellery
**gemydd**/-ion *nm.* jeweller
**gen** *prep.* have; **mae car ~ i** I have a car
**gên**/genau *nf.* chin
**geneth**/-od *nf.* girl
**geni** *v.* to be born; **ces i fy ngeni yn** I was born in
**ger** *prep.* near, by
**gerllaw** *adv.* nearby
**germ**/-au *nm.* germ
**glan**/-nau *nf.* bank [*of river*]
**glân** *adj.* clean
**glas** *adj.* blue
**glaswellt** *npl.* grass
**glaw** *nm.* rain; **bwrw ~** to rain
**glendid** *nm.* cleanliness
**gliniadur**/-on *nm.* laptop computer
**glud**/-ion *nm.* glue
**glynu** *v.* to stick
**gobaith**/gobeithion *nm.* hope
**gobeithio** *v.* to hope
**godineb** *nm.* adultery
**godre**/-on *nm.* bottom; ~**'r mynydd** the foot of the mountain
**gofal**/-on *nm.* care; ~ **dydd** day care
**gofalu** *v.* to care; ~ **am** to look after
**gofalus** *adj.* careful
**gofalwr**/gofalwyr *nm.* caretaker
**gofidio** *v.* to worry
**gofod**/-au *nm.* space
**gofyn** *v.* to ask
**gogledd** *nm.* north
**gohebiaeth** *nf.* correspondence
**gohebydd**/-ion *nm.* correspondent
**gôl**/golau *nf.* goal
**golau**/goleuadau *nm.* light
**golchi** *v.* to wash
**goleuo** *v.* to light
**golwg**/golygon *nf.* appearance
**golygfa**/golygfeydd *nf.* scene
**golygu** *v.* to mean
**golygus** *adj.* handsome
**gollwng** *v.* to drop
**gorau** *adj.* best
**gorchudd**/-ion *nm.* cover
**gorchuddio** *v.* to cover
**gorfodol** *adj.* compulsory
**gorffen** *v.* to finish
**Gorffennaf** *nm.* July
**gorffennol** *nm.* past
**gorffwys** *v.* to rest
**gorliwio** *v.* to exaggerate
**gorllewin** *nm.* west
**gormod** *adv., nm.* too much; ~ **o fwyd** too much food
**goroesi** *v.* to survive
**gorsaf**/-oedd *nf.* station; ~ **heddlu** police station
**gorwedd** *v.* to lie down
**gosod** *v.* to put
**gostwng** *v.* to lower
**gostyngiad**/-au *nm.* reduction
**gradd**/-au *nf.* degree, grade
**graddfa**/graddfeydd *nf.* scale
**graddio** *v.* to graduate
**gram**/-au *nm.* gram
**gramadeg**/-au *nm.* grammar
**grant**/-iau *nm.* grant

**grawnwin** *npl.* grapes
**Grawys** *nm.* Lent
**gril** /-iau *nm.* grill
**grilio** *v.* to grill
**gris** /-iau *nm.* step, stair
**groser** /-iaid *nm.* grocer
**grŵp** /grwpiau *nm.* group
**grym** /-oedd *nm.* force
**gwacáu** *v.* to empty
**gwaed** *nm.* blood
**gwaedu** *v.* to bleed
**gwael** *adj.* bad
**gwaeth** *adj.* worse
**gwag** *adj.* empty
**gwahanu** *v.* to separate
**gwahardd** *v.* to prohibit
**gwahodd** *v.* to invite
**gwahoddiad** /-au *nm.* invitation
**gwair** /gweiriau *nm.* grass, hay
**gwaith** /gweithiau *nm.* work, task; ~
   **cartref** homework; ~ **tŷ** housework
**gwaith** /gweithfeydd *nm.* works [plant]
**gwall** /-au *nm.* error
**gwallgo** *adj.* mad
**gwallt** *npl.* hair ; ~ **melyn** blond hair
**gwan** *adj.* weak
**gwanwyn** *nm.* spring
**gwarant** /-au *nm.* guarantee
**gwarantu** *v.* to guarantee
**gwarchod** *v.* to protect
**gwaredu** *v.* to rid
**gwareiddiad** /-au *nm.* civilisation
**gwario** *v.* to spend
**gwartheg** *npl.* cattle
**gwarthus** *adj.* disgraceful
**gwas** /gweision *nm.* servant
**gwasanaeth** /-au *nm.* service
**gwasg** /gweisg *nf.* publisher, printing
   press
**gwasgu** *v.* to press
**gwastad** *adj.* flat
**gwau** *v.* to knit
**gwawr** *nf.* dawn
**gwddf** /gyddfau *nm.* neck
**gweddïo** *v.* to pray
**gweddw** *adj.* widowed
**gwefan** /-nau *nf.* website
**gwefus** /-au *nf.* lip
**gweiddi** *v.* to shout
**gweinidog** /-ion *nm.* minister
**gweinydd** /-ion *nm.* waiter
**gweinyddes** /-au *nf.* waitress
**gweinyddiaeth** /-au *nf.* administration
**gweithgar** *adj.* active
**gweithgaredd** /-au *nm.* activity
**gweithred** /-oedd *nf.* deed
**gweld** *v.* to see
**gwelw** *adj.* pale
**gwely** /-au *nm.* bed
**gwell** *adj.* better; **mae'n well gen i**
   I prefer
**gwella** *v.* to get better
**gwellt** *npl.* straw, hay
**gwelltyn** /gwellt *nm.* straw + [drinking]
**gwendid** *nm.* weakness
**Gwener** *nm.* Friday
**gwenith** *npl.* wheat
**gwennol** /gwenoliaid *nf.* swallow
**gwenu** *v.* to smile
**gwenwyn** *nm.* poison
**gwenwynig** *adj.* poisonous
**gwenynen** /gwenyn *nf.* bee
**gwerin** /-oedd *nf.* folk
**gweriniaeth** /-au *nf.* republic
**gwers** /-i *nf.* lesson
**gwersyll** /-oedd *nm.* camp
**gwersylla** *v.* to camp
**gwerth** /-oedd *nm.* value
**gwerthu** *v.* to sell

**gwerthuso** *v.* to evaluate
**gwerthwr** /gwerthwyr *nm.* seller
**gwestai** /gwesteion *nm.* host, guest
**gwibdaith** /gwibdeithiau *nf.* trip
**gwin** /-oedd *nm.* wine; ~ **coch** red wine;
   ~ **gwyn** white wine
**gwinllan** /-nau *nf.* vineyard
**gwir** *adj.* true
**gwirfoddolwr** /gwirfoddolwyr *nm.*
   volunteer
**gwirio** *v.* to check
**gwirionedd** *nm.* truth
**gwironeddol** *adj.* real
**gwirod** /-ydd *nm.* spirit [alcoholic]
**gwisg** /-oedd *nf.* dress; ~ **nofio**
   swimming costume; ~ **ysgol** school
   uniform
**gwisgo** *v.* to wear
**gwlad** /gwledydd *nf.* country
**Gwlad Belg** *nf.* Belgium
**gwladaidd** *adj.* rustic
**gwladwriaeth** /-au *nf.* state
**gwlân** *nm.* wool
**gwledd** /-oedd *nf.* feast
**gwleidydd** /-ion *nm.* politician
**gwleidyddol** *adj.* political
**gwlyb** *adj.* wet
**gwlychu** *v.* to wet, to get wet
**gwm** *nm.* gum
**gwn** /gynnau *nm.* gun
**gŵn** /gynau *nm.* gown; ~ **nos** night
   gown
**gwneud** *v.* to do, to make; ~ **cais** to
   make an application; ~ **cawl** to make
   a mess, soup
**gwnïo** *v.* to sew
**gwobr** /-au *nf.* prize
**gŵr** /gwŷr *nm.* husband, man
**gwraig** /gwragedd *nf.* wife
**gwrando** *v.* to listen
**gwregys** /-au *nm.* belt
**gwres** *nm.* heat
**gwresogydd** *nm.* heater
**gwrthdaro** *v.* to conflict
**gwrthdrawiad** /-au *nm.* collision
**gwrthod** *v.* to refuse
**gwrthrych** /-au *nm.* object
**gwrthwynebiad** /-au *nm.* opposition
**gwrthwynebu** *v.* to object
**gwrthwynebydd** /gwrthwynebwyr *nm.*
   opponent
**gwryw** *adj.* male
**gwrywaidd** *adj.* male
**gwter** /-i *nf.* gutter
**gwthio** *v.* to push
**gwybedyn** /gwybed *nm.* fly, gnat
**gwybod** *v.* to know
**gwybodaeth** *nf.* knowledge
**gwych** *adj.* great, excellent
**gwyddbwyll** *nm.* chess
**gwyddoniaeth** *nf.* science
**gwyddonol** *adj.* scientific
**gwyddonydd** /gwyddonwyr *nm.*
   scientist
**gwyddor** /-au *nf.* science, alphabet
**gwydn** *adj.* tough
**gwydr** /-au *nm.* glass
**gwydraid** *nm.* glassful
**gŵyl** /gwyliau *nf.* festival
**gwyliau** *npl.* holidays
**gwylio** *v.* to watch
**gwyliwr** /gwylwyr *nm.* spectator
**gwyllt** *adj.* wild
**gwymon** *npl.* seaweed
**gwyn** *adj.* white
**gwynt** /-oedd *nm.* wind
**gwyrdd** *adj.* green
**gwythïen** /gwythiennau *nf.* vein
**gyda** *prep.* +*S.P.M.* with; ~ **'i gilydd**
   together

**haearn** *nm.* iron
**haen**/-au *nf.* strata, layer
**haerllug** *adj.* cheeky
**haf**/-au *nm.* summer
**haint**/heintiau *nf.* disease
**halen** *nm.* salt
**hallt** *adj.* salty
**ham** *nm.* ham
**hambwrdd**/hambyrddau *nm.* tray
**hamdden** *nf.* leisure
**hanes** *nm.* history
**hanesydd**/haneswyr *nm.* historian
**hanesyddol** *adj.* historic
**hanfodol** *adj.* essential
**hanner**/haneri *nm.* half
**hapchwarae** *v.* to gamble
**hapus** *adj.* happy
**hapusrwydd** *nm.* happiness
**harbwr** *nm.* harbour
**hardd** *adj.* beautiful, handsome
**haul**/heuliau *nm.* sun
**heb** *prep.+ S.M.* without; ~ **awdurdod** without authority
**heblaw** *prep.* apart from
**Hebraeg** *nf.* Hebrew
**hebrwng** *v.* to accompany
**heddi** *adv.* today
**heddiw** *adv.* today
**heddlu**/-oedd *nm.* police
**heddwas**/heddweision *nm.* policeman
**heddwch** *nm.* peace
**hedfan** *v.* to fly
**hediad**/-au *nm.* flight
**hefyd** *adv.* also
**heini** *adj.* sprightly, fit
**heintio** *v.* to infect
**heintus** *adj.* infectious
**hela** *v.* to hunt
**helmed**/-au *nf.* helmet
**helo** *inter.* hello
**help** *nm.* help
**helpu** *v.* to help
**helpwr**/helpwyr *nm.* helper
**hen** *adj.* old; ~ **dad-cu** *nm.* great grandfather; ~ **fam-gu** *nf.* great grandmother; ~ **ferch** *nf.* spinster; ~ **fyd** *nm.* antiquity; ~ **lanc** *nm.* bachelor; ~ **ffasiwn** *adj.* old fashioned
**heno** *adv.* tonight
**henoed** *npl.* elderly people
**heol**/-ydd *nf.* road
**het**/-iau *nf.* hat
**heulog** *adj.* sunny
**hi** *pron.* she
**hil**/-iau *nf.* race [people]
**hiliaeth** *nf.* racism
**hinsawdd**/hinsoddau *nf.* climate
**hiraeth** *nm.* longing
**hiwmor** *nm.* humour
**hoci** *nm.* hockey; ~ **iâ** ice hockey
**hoelen**/hoelion *nf.* nail
**hoelio** *v.* to nail
**hofrennydd**/hofrenyddion *nm.* helicopter
**hoff** *adj.* favourite
**holi** *v.* to ask
**holl** *adj.* all; **yr ~ wlad** all the country
**hon** *pron./adj. f.* this, this one
**hongian** *v.* to hang
**hosan**/-au *nf.* sock
**hostel**/-i *nf.* hostel; ~ **ieuenctid** youth hostel
**hoyw** *adj.* gay
**hud** *nm.* magic
**hufen** *nm.* cream; ~ **eillio** shaving cream; ~ **haul** sun cream; ~ **iâ** ice cream
**hunan** *pron.* self
**hunaniaeth** *nf.* identity
**hunanladdiad**/-au *nm.* suicide
**hunanwasanaeth** *nm.* self-service
**hunllef**/-au *nm.* nightmare
**hurio** *v.* to hire
**hwn** *pron./adj. m.* this, this one
**hwy** *pron.* they; *adj.* longer
**hwyl**/-iau *nf.* fun, mood, sail; **mewn hwyliau da** in a good mood; ~ **fawr** goodbye;
**hwylio** *v.* to sail
**hwyr** *adj.* late
**hwyraf** *adj.* latest
**hyd**/-oedd *nm.* length; *prep. + S.M.* along; ~ **yn oed** even
**hyder** *nm.* confidence
**Hydref** *nm.* October
**hydref** *nm.* autumn
**hyfryd** *adj.* lovely, pleasant
**hyfforddiant** *nm.* training
**hylendid** *nm.* cleanliness, hygiene
**hylif**/-au *nm.* fluid
**hyn** *prep./adj. pl.* this, these
**hynafiaid** *npl.* ancestors
**hynafol** *adj.* ancient
**hysbyseb**/-ion *nf.* advertisement
**hysbysebu** *v.* to advertise
**hysbysrwydd** *nm.* publicity
**hysbysu** *v.* to inform

**i** *prep.+ S.M.* to; ~ **ffwrdd** away; ~ **fyny** up; ~ **fyny'r grisiau** up the stairs; ~ **gyd** all; ~ **mewn i** into; ~ **'r chwith** to the left; ~ **'r dde** to the right
**iâ** *nm.* ice
**iach** *adj.* healthy
**iaith**/ieithoedd *nf.* language
**Iau** *nm.* Thursday
**iawn** *adj.* real; *adv.* very
**iawndal**/-iadau *nm.* compensation
**Iddew**/-on *nm.* Jew
**Iddewes**/-au *nf.* Jewess
**Iddewig** *adj.* Jewish
**ie** *adv.* yes
**iechyd** *nm.* health; ~ **da!** good health! cheers!
**ieithyddol** *adj.* linguistic
**ieuenctid** *nm.* youth
**ifanc** *adj.* young
**ildio** *v.* to yield
**inc**/-iau *nm.* ink
**incwm**/incymau *nm.* income
**Ionawr** *nm.* January
**is-deitl**/-au *nm.* subtitle
**isaf** *adj.* lowest, bottom
**isel** *adj.* low
**isod** *adv.* below
**Israel** *nf.* Israel

**jam**/-iau *nm.* jam
**jar**/-iau *nm.* jar
**jawl** *nm.* [coll.] devil
**jîns** *npl.* jeans
**jiw jiw** [coll.] dear me
**jôc**/-s *nf.* joke

**label**/-i *nf.* label
**labordy**/labordai *nm.* laboratory
**lafant** *nm.* lavender
**lager** *nm.* lager

**lamp**/-iau *nf.* lamp
**lan** *adv.* up; **~ llofft** upstairs
**landlord**/-iaid *nm.* landlord
**lapio** *v.* to wrap
**larwm**/larymau *nm.* alarm
**lawnt**/-iau *nf.* lawn
**lawrlwytho** *v.* download
**lemwn**/-au *nm.* lemon
**lens**/-ys *nf.* lens
**lês** *nf.* lease
**licer** *nm.* liquor
**lifft**/-iau *nm.* lift
**litr**/-au *nm.* litre
**lolfa**/lolfeydd *nf.* lounge
**lôn**/lonydd *nf.* lane
**loncian** *v.* to jog
**londri** *nm.* laundry
**lorri**/lorïau *nf.* lorry
**losin** *npl.* sweets
**lwc** *nf.* luck; **pob ~** good luck

## LL

**llac** *adj.* slack
**llacio** *v.* to slacken
**lladrad**/-au *nm.* theft
**lladd** *v.* to kill
**llaeth** *nm.* milk [*S.W.*]
**llaethdy** *nm.* dairy
**llafar** *adj.* oral
**llafariad**/llafariaid *nf.* vowel
**llafn**/-au *nf.* blade
**llafur** *nm.* labour
**llai** *adj.* less
**llaid** *nm.* mud
**llais**/lleisiau *nm.* voice
**llaith** *adj.* damp
**llanast** *nm.* mess
**llanw** *nm.* tide; *v.* to fill
**llaw**/dwylo *nf.* hand; **ail ~** second-hand
**llawdriniaeth**/-au *nf.* operation
**llawen** *adj.* happy; **Nadolig ~** Merry Christmas
**llawenydd** *nm.* joy
**llawer** *nm.* a lot, many
**llawes**/llewys *nf.* sleeve
**llawfeddyg**/-on *nm.* surgeon
**llawlyfr**/-au *nm.* handbook, brochure
**llawn** *adj.* full
**llawr**/lloriau *nm.* floor
**lle**/-oedd *nm.* place; **~ gwag** empty space; **~ tân** fireplace
**lledr** *nm.* leather
**llefain** *v.* to cry
**llefaru** *v.* to recite
**llefrith** *nm.* milk [*N.W.*]
**lleiafrif**/-oedd *nm.* minority
**lleiafswm** *nm.* minimum
**lleidr**/lladron *nm.* thief
**lleihau** *v.* to lessen, to diminish
**lleithder** *nm.* dampness
**llen**/-ni *nf.* curtain
**llencyndod** *nm.* adolescence
**llenyddiaeth**/-au *nf.* literature
**lleol** *adj.* local
**lleoli** *v.* to locate
**lles** *nm.* benefit, welfare
**lety**/-au *nm.* lodging
**llethr**/-au *nf.* slope
**lleuad**/-au *nf.* moon
**llewygu** *v.* to faint
**lliain**/llieiniau *nm.* cloth; **~ bwrdd** tablecloth
**llid** *nm.* anger
**llifo** *v.* to flow
**llifogydd** *npl.* flood
**llinell**/-au *nf.* line
**llinyn**/-nau *nm.* string
**llithren**/-nau *nf.* slide

**llithro** *v.* to slip
**lliw**/-iau *nm.* colour; **~ haul** suntan
**lloches**/-au *nf.* shelter
**Lloegr** *nf.* England
**llofnod**/-ion *nm.* autograph, signature
**llofrudd**/-ion *nm.* murderer
**llofruddiaeth**/-au *nf.* murder
**llofruddio** *v.* to murder
**llogi** *v.* to rent, to hire
**llon** *adj.* happy
**llond** *adv.* full; **~ llaw** handful
**llong**/-au *nf.* ship
**llongyfarch** *v.* to congratulate
**llongyfarchiadau** *npl.* congratulations
**llosgi** *v.* to burn
**lludw** *nm.* ash, ashes
**llun**/-iau *nm.* picture
**Llun** *nm.* Monday
**llungopïo** *v.* to photocopy
**lluniaeth** *nmf.* refreshment, food
**lluosi** *v.* to multiply
**lluosog** *nm.* plural
**llwch** *nm.* dust
**llwgu** *v.* to starve
**llwnc** *nm.* throat
**llwy**/-au *nf.* spoon; **~ de** teaspoon; **~ fwrdd** tablespoon
**llwybr**/-au *nm.* path; **~ cyhoeddus** public footpath
**llwyd** *adj.* gray
**llwyddiant**/llwyddiannau *nm.* success
**llwyddo** *v.* to succeed
**llwyfan**/-au *nm.* stage
**llwyth**/au *nm.* tribe; /-i *nm.* load
**llydan** *adj.* wide
**llyffant**/-od *nf.* frog, toad
**llyfr**/-au *nm.* book; **~ ffôn** phone book; **~ gosod** textbook; **~ nodiadau** notebook
**llyfrgell**/-oedd *nf.* library; **~ Genedlaethol Cymru** Welsh National Library
**llyfrgellydd**/llyfrgellwyr *nm.* librarian
**llygad**/llygaid *nm.* eye
**llygoden**/llygod *nf.* mouse; **~ fawr** rat
**llygru** *v.* to corrupt
**llymeitian** *v.* to sip
**llyn**/-noedd *nm.* lake
**llyncu** *v.* to swallow
**llynges**/-au *nf.* navy
**llys**/-oedd *nm.* court
**llysenw**/-au *nm.* nickname
**llysfam**/llysfamau *nf.* stepmother
**llysfwytäwr**/llysfwytawyr *nm.* vegetarian
**llysiau** *npl.* vegetables
**llysieuwr**/llysieuwyr *nm.* vegetarian
**llystad**/llystadau *nm.* stepfather
**llythyr**/-au *nm.* letter [*post*]
**llythyren**/llythrennau *nm.* letter [*of a word*]
**llywio** *v.* to guide, to steer
**llywodraeth**/-au *nf.* government; **~ leol** local government; **~ Cymru** Government of Wales
**llywydd**/-ion *nm.* president

## M

**ma hi** *v.* it is, she is
**ma nhw** *v.* they have
**ma nhw'n** *v.* they are
**mab**/meibion *nm.* son
**mab-yng-nghyfraith** *nm.* son-in-law
**mabwysiadu** *v.* to adopt
**machlud**/-oedd *nm.* sunset
**madarchen**/madarch *nf.* mushroom
**maddau** *v.* to forgive
**mae** *v.* is, are

**maen nhw'n** v. they are
**maen nhw wedi** v. they have
**maes/meysydd** nm. field; **~ awyr** airport; **~ parcio** parking lot, parking garage
**maestref/-i** nf. suburb
**maethlon** adj. nutritious
**Mai** nm. May
**mainc/meinciau** nf. bench
**maint/meintiau** nm. size
**malu** v. to destroy, to grind; **~ awyr** to talk nonsense
**mam/-au** nf. mother
**mam-gu/mamau cu** nf. grandmother [S.W.]
**mam-yng-nghyfraith** nf. mother-in-law
**mamol** adj. motherly
**mamwlad/mamwledydd** nf. mother country
**man/-nau** nmf. place; **~ gwyliau** holiday resort
**maneg/menig** nf. glove
**mantais/manteision** nf. advantage
**map/-iau** nm. map
**marc/-iau** nm. mark
**marcio** v. to mark
**marchnad/-oedd** nf. market
**marw** v. to die; **buodd e farw** he died
**marwol** adj. deadly
**marwolaeth/-au** nf. death
**masg/-iau** nm. mask
**masnach** nf. trade
**masnachu** v. to trade
**masnachwr/masnachwyr** nm. trader
**mat/-iau** nm. mat
**mater/-ion** nm. matter
**matras/matresi** nm. mattress
**math/-au** nm. type; **pa fath o?** what kind of?
**mawr** adj. big
**Mawrth** nm. March
**mecanig** nm. mechanic
**mecanyddol** adj. mechanical
**Medi** nm. September
**meddal** adj. soft
**meddiannu** v. to possess, to occupy
**meddiant/meddiannau** nm. possession
**meddw** adj. drunk; **mae e'n feddw** he's drunk
**meddwl** v. to think
**meddyg/-on** nm. doctor
**meddygol** adj. medical
**Mehefin** nm. June
**meirioli** v. to thaw
**meistr/-i** nm. master
**meistroli** v. to master
**meithrinfa/meithrinfeydd** nf. playgroup, nursery
**mêl** nm. honey
**melin/-au** nf. mill
**melyn** adj. yellow
**melys** adj. sweet
**mellten/mellt** nf. lightning
**mentro** v. to venture
**menyw/-od** nf. woman
**merch/-ed** nf. girl, daughter
**merch-yng-nghyfraith** nf. daughter-in-law
**Mercher** nm. Wednesday
**mesur** v. to measure
**metalig** adj. metallic
**metel/-au** nm. metal
**metr/-au** nm. meter
**methiant/methiannau** nm. failure
**Methodistiaid** npl. Methodists
**methu** v. to fail; **~ â gweld** to fail to see
**mewn** prep. in
**mewnforio** v. to import

**mewnfudo** v. to immigrate
**mewnfudwr/mewnfudwyr** nm. immigrant
**mewnol** adj. inner, inside
**migwrn/migyrnau** nm. ankle
**mil/-oedd** nf. thousand
**miliwn/miliynau** nf. million
**milwr/milwyr** nm. soldier
**milwrol** adj. military
**milltir/-oedd** nf. mile
**min** nm. edge
**miniog** adj. sharp
**minlliw** nm. lipstick
**mintys** npl. mint
**minws** prep. minus
**mis/-oedd** nm. month
**misol** adj. monthly
**model/-au** nm. model
**modem** nm. modem
**modern** adj. modern
**modfedd/-i** nf. inch
**modrwy/-on** nf. ring [finger]; **~ briodas** wedding ring
**modryb/-edd** nf. aunt
**modur/-on** nm. motor, car
**modd/-ion** nm. means
**moddion** npl. medicine
**moel** adj. bald
**moeth/-au** nm. luxury
**moethus** adj. luxurious
**moment/-au** nf. moment
**môr/moroedd** nm. sea
**mordaith/mordeithiau** nf. voyage
**morddwyd/ydd** nf. hip
**morgais/morgeisi** nm. mortgage
**morwr/morwyr** nm. sailor
**morwyn/morynion** nf. maid
**moyn** v. to want
**mud** adj. mute, dumb
**mudiad/-au** nm. movement; **~ Ysgolion Meithrin** Welsh Playgroup Movement
**munud/-au** nmf. minute
**mur/-iau** nm. wall
**mwclis/-au** nm. necklace
**mwd** nm. mud
**mwg** nm. smoke
**mwnci/mwncïod** nm. monkey
**mwstard** nm. mustard
**mwstás** nm. moustache
**mwy** adj./nm. more; **~ na thebyg** probably
**mwyaf** adj. most, greatest
**mwyafrif/-oedd** nm. majority
**mwyafswm** nm. most, maximum
**mwydyn/mwydod** nm. worm
**mwyhau** v. to enlarge
**mwynhau** v. to enjoy
**myfyriwr/myfyrwyr** nm. student
**mynach/-od** nm. monk
**mynachdy/mynachdai** nm. monastery
**mynachlog/-ydd** nf. monastery
**mynd** v. to go; **~ â** + SP.M. to take; **~ am dro** to go for a walk; **~ i mewn** to go in; **~ yn** to become
**mynedfa/mynedfeydd** nf. entrance [door]
**mynediad/-au** nm. entrance
**mynegai/mynegeion** nm. index
**mynegfys/-edd** nm. index finger
**mynegi** v. to express
**mynnu** v. to insist
**mynwent/-ydd** nf. cemetery

## N

**na** adv. no; prep.+ SP.M. than; pron. +S.M./+SP.M. before 'c', 'p', t' that not
**Nadolig** nm. Christmas; **~ Llawen**

Merry Christmas

**naddo** *adv.* no
**nai/neiaint** *nm.* nephew
**naill ai** *conj.* either; **~ ... neu** either ... or
**nain/neiniau** *n.f.* grandmother [*N.W.*]
**nam/-au** *nm.* fault
**nant/nentydd** *nf.* stream
**natur** *nf.* nature
**naturiol** *adj.* natural
**naw** *num.* nine
**nawdd** *nm.* sponsorship
**nawr** *adv.* now
**neb** *pron.* no one
**nef** *nf.* heaven
**nefoedd** *nf.* heaven
**neges/-au/-euon** *nf.* message
**negesydd/negeswyr** *nm.* messenger
**negyddol** *adj.* negative
**neidio** *v.* to jump
**neidr/nadredd** *nf.* snake
**neis** *adj.* nice
**nen** *nf.* heaven, sky
**nenfwd/nenfydau** *nm.* ceiling
**nerf/-au** *nm.* nerve
**nerfus** *adj.* nervous
**nerth/-oedd** *nm.* strength
**nesaf** *adj.* next
**neu** *conj.* or
**neuadd/-au** *nf.* hall; **~ breswyl** hostel
**newid** *v.* to change
**newydd** *adj.* new
**newyddion** *npl.* news
**newyn** *nm.* hunger
**nhw** *pron.* they, them
**ni** *pron.* we, us
**ni di** *v.* we have
**ni'n** *v.* we are
**nid** *neg.* not
**nifer/-oedd** *nmf.* number
**niferus** *adj.* numerous
**nith/-oedd** *nf.* niece
**niwed/niweidiau** *nm.* damage
**niweidio** *v.* to damage
**niwl/-oedd** *nm.* mist, fog
**niwtral** *adj.* neutral
**nodi** *v.* note
**nodweddiadol** *adj.* typical
**nodwydd/-au** *nf.* needle
**nodyn/nodiadau** *nm.* note
**noeth** *adj.* naked
**nofel/-au** *nf.* novel
**nofelydd/nofelwyr** *nm.* novelist
**nofio** *v.* to swim
**normal** *adj.* normal
**nos/-au** *nf.* night; **~ Galan** new year's eve; **~ yfory** tomorrow night
**noswaith/nosweithiau** *nf.* evening; **~ dda** good evening
**nwy/-on** *nm.* gas
**nwyddau** *npl.* goods
**nyrs/-ys** *nf.* nurse
**nyth/-od** *nmf.* nest

## O

**o** *prep.* + *S.M.* of, from; **~ dan** + *S.M.* under; **~ fewn** within; **~ flaen** in front of; **~ gwmpas** around; **~ hyd** still, always; **~ leiaf** at least
**ocsigen** *nm.* oxygen
**ocsiwn/ocsiynau** *nm.* auction
**ochr/-au** *nf.* side
**od** *adj.* odd, strange
**oed** *nm.* age
**oedi** *v.* to delay
**oedolyn/oedolion** *nm.* adult
**oedran/-nau** *nm.* age

**oedrannus** *adj.* elderly
**oer** *adj.* cold
**oergell/-oedd** *nf.* refrigerator
**oes** *v.* is there?, are there?, yes
**ofn/-au** *nm.* fear
**ofnadwy** *adj.* awful
**ofnus** *adj.* afraid, fearful
**offeiriad/-on** *nm.* priest
**offer** *npl.* equipment
**offeryn/offer** *nm.* instrument; **~ cerdd** musical instrument
**ogof/-âu** *nf.* cave
**oherwydd** *prep.* because
**ôl/olion** *nm.* remain, trace
**olaf** *adj.* last
**olew/-on** *nm.* oil
**olwyn/-ion** *nf.* wheel; **~ sbâr** spare tyre
**oll** *adj.* all
**on i** *v.* I was
**ond** *conj.* but
**ongl/-au** *nf.* angle
**oni bai** *conj.* but for, except that
**optegydd/optegwyr** *nm.* optician
**oren/-nau** *nmf.* orange
**organ/-au** *nf.* organ
**oriawr/oriorau** *nm.* watch
**oriel/-au** *nf.* gallery
**os** *conj.* if; **~ gwelwch yn dda** please
**osgoi** *v.* to avoid
**owns/-ys** *nm.* ounce

## P

**pa** *interrog.* + *S.M.*. which, what; **~ fath o** what kind of
**pab/au** *nm.* pope
**pabell/pebyll** *nf.* tent
**Pabydd/Pabyddion** *nm.* Catholic, papist
**Pabyddes/Pabyddesau** *nf.* Catholic, papist
**pabyddol** *adj.* catholic
**pacio** *v.* to pack
**padell/-i** *nf.* pan; **~ ffrio** frying pan
**paent** *nm.* paint
**pafin** *nm.* pavement, sidewalk
**paffio** *v.* to box
**pam** *interrog.* why
**pans** *nm.* briefs
**papur/-au** *nm.* paper; **~ meddyg** prescription; **~ newydd** newspaper; **~ tŷ bach** toilet paper
**pâr/parau** *nm.* pair
**paratoi** *v.* to prepare
**parc/-iau** *nm.* park
**parhad** *nm.* continuation
**parhau** *v.* to continue
**parlysu** *v.* to paralyse
**parod** *adj.* ready
**parti/partïon** *nm.* party
**partner/-iaid** *nm.* partner
**pasbort** *nm.* passport
**pasio** *v.* to pass
**past dannedd** *nm.* toothpaste
**pawen/-nau** *nf.* paw
**pe** *conj.* if
**pedair** *num. f.* four
**pedal/-au** *nm.* pedal
**pedwar** *num. m.* four
**pegwn/pegynau** *nm.* pole
**pei/-s** *nm.* pie
**peilot/-iaid** *nm.* pilot
**peintio** *v.* to paint
**peintiwr/peintwyr** *nm.* painter
**peiriannwr/peirianwyr** *nm.* engineer
**peiriant/peiriannau** *nm.* engine; **~ golchi** washing machine
**pêl/peli** *nf.* ball; **~ bluen** badminton; **~ -droed** football, soccer; **~ -fasged**

134

basketball

**pelydr**/-au *nm.* ray; **~ X** X-ray
**pen**/-nau *nm.* head; **~ blwydd** birthday; **~ blwydd hapus!** happy birthday; **~ mawr** hangover; **~ tost** headache
**pen-lin**/-iau *nm.* knee
**pencadlys**/-oedd *nm.* headquarters
**pencampwriaeth**/-au *nf.* championship
**penderfyniad**/-au *nm.* decision
**penderfynu** *v.* to decide
**pendics** *nm.* appendix (*body*)
**pendro** *nm.* dizziness
**pennaeth**/penaethiaid *nm.* head, chief, school principal
**pennawd**/penawdau *nm.* heading
**pennod**/penodau *nf.* chapter
**pensaer**/penseiri *nm.* architect
**pensaernïaeth** *nf.* architecture
**pensil**/-iau *nm.* pencil
**pensiynwr**/pensiynwyr *nm.* pensioner, retiree
**pentref** /-i *nm.* village
**pentwr**/pentyrrau *nm.* heap, pile
**penwisg**/-oedd *nf.* wig
**penwythnos**/-au *nm.* weekend
**perchen** *v.* to own
**perchennog**/perchenogion *nm.* owner
**perffaith** *adj.* perfect
**peri** *v.* to cause
**perl**/-au *nm.* pearl
**perlysieuyn**/perlysiau *nm.* herb
**persawr**/-au *nm.* scent
**person**/-au *nm.* person; /-iaid *nm.* parson
**perthyn** *v.* to belong
**perthynas**/perthnasau *nf.* relation
**perygl**/-on *nm.* danger
**peryglus** *adj.* dangerous
**peswch**/pesychiadau *nm.* cough; **mae ~ arna i** I have a cough
**pesychu** *v.* to cough
**petruso** *v.* to hesitate
**peth**/-au *nm.* thing
**pib**/-au *nf.* pipe
**piben**/pibau *nf.* pipe; **~ ddŵr** water pipe; **~ wacáu** exhaust pipe
**picnic**/-au *nm.* picnic
**pigiad**/-au *nm.* sting
**pigo** *v.* to sting
**pilsen**/pils *nf.* pill
**pìn**/-nau *nm.* pin; **~ cau** safety pin
**pinsio** *v.* to pinch
**pinswrn**/pinsyrnau *nm.* pincers
**piws** *adj.* purple
**plaen** *adj.* plain
**plaid**/pleidiau *nf.* party [*political*] **~ Cymru** The Party of Wales; **y Blaid Geidwadol** the Conservative Party; **y Blaid Lafur** the Labour Party
**planed**/-au *nf.* planet
**planhigyn**/planhigion *nm.* plant
**plastig**/-au *nm.* plastic
**plât**/platiau *nm.* plate
**pleidlais**/pleidleisiau *nf.* vote
**pleidleisio** *v.* to vote; **~ dros** to vote for
**plentyn**/plant *nm.* child
**plentyndod** *nm.* childhood
**pleser**/-au *nm.* pleasure
**plesio** *v.* to please
**plismon**/plismyn *nm.* policeman
**plismones**/-au *nf.* policewoman
**pluen**/plu *nf.* feather; **~ eira** snowflake
**plwg**/plygiau *nm.* plug
**plws** *prep.* plus
**plygu** *v.* to bend, to fold
**plymer**/plymeriaid *nm.* plumber
**pob** *adj.* every; all; baked; **~ hwyl**

goodbye

**pobl**/-oedd *nf.* people
**poblogaeth**/-au *nf.* population
**pobydd**/-ion *nm.* baker
**poced**/-i *nm.* pocket
**poen**/-au *nmf.* pain
**poeni** *v.* to hurt, to worry
**poenus** *adj.* painful
**poer** *nm.* spit
**polisi**/polisïau *nm.* policy
**polyn**/polion *nm.* pole; **~ pabell** tent pole
**pont**/-ydd *nf.* bridge
**porc** *nm.* pork
**porcyn** *adj.* nude
**porfa**/porfeydd *nf.* grass
**porffor** *adj.* purple
**portread**/-au *nm.* portrait
**porthladd**/-oedd *nm.* harbour
**posibl** *adj.* possible
**post** *nm.* post; **~ awyr** airmail
**postio** *v.* to post
**pot**/-iau *nm.* pot
**potel**/-i *nf.* bottle
**pothell**/-au *nf.* blister
**powdr**/-au *nm.* powder
**powlen**/-ni *nf.* bowl
**prawf**/profion *nm.* test
**preifat** *adj.* private
**preifatrwydd** *nm.* privacy
**prentis**/-iaid *nm.* apprentice
**prentisiaeth** *nf.* apprenticeship
**presennol** *adj.* present; *nm.* present
**preswyl** *adj.* residential
**preswylio** *v.* to live, to reside
**pridd**/-oedd *nm.* soil, earth
**prif** *adj.* main; **~ weinidog** prime minister
**prifathro**/prifathrawon *nm.* headteacher
**prifddinas**/-oedd *nf.* capital city
**priffordd**/priffyrdd *nf.* main road
**prifysgol**/-ion *nf.* university
**prin** *adj.* rare
**priodas**/-au *nf.* marriage
**priodfab** *nm.* groom
**priodferch** *nf.* bride
**priodi** *v.* to marry, to get married
**priodol** *adj.* appropriate
**pris**/-iau *nm.* price
**prisio** *v.* to price
**problem**/-au *nf.* problem
**proffesiwn**/proffesiynau *nm.* profession
**proffil**/-iau *nm.* profile
**profi** *v.* to prove, to test
**profiad**/-au *nm.* experience
**promenâd**/promenadau *nm.* promenade
**prosiect**/-au *nm.* project
**Protestant**/Protestaniaid *nm.* Protestant
**protestio** *v.* to protest
**pryd**/-au *nm.* meal; *interrog.* when
**Prydain** *nf.* Britain
**pryder**/-on *nm.* worry
**prydferth** *adj.* beautiful
**pryf**/-ed *nm.* insect; **~ copyn** spider
**pryfyn**/pryfed *nm.* insect
**prynhawn**/-au *nm.* afternoon; **~ 'ma** this afternoon; **~ heddiw** this afternoon
**prynu** *v.* to buy
**prysur** *adj.* busy
**pump** *num.* five
**punt**/punnoedd *nf.* pound [£]
**pupur** *nm.* pepper
**pur** *adj.* pure
**pwdin**/-au *nm.* pudding

**pwdr** *adj.* rotten
**pwll**/pyllau *nm.*; **~ glo** coal mine; **~ nofio** swimming pool
**pwmp**/pympiau *nm.* pump
**pwmpio** *v.* to pump
**pwnc**/pynciau *nm.* subject
**pwrpas**/-au *nm.* purpose
**pwrs**/pyrsiau *nm.* purse
**pwy** *interrog.* who
**pwyllgor**/-au *nm.* committee
**pwynt**/-iau *nm.* point
**pwyntio** *v.* to point
**pwys**/-au *nm.* weight; /-i *nm.* pound [*lb*]
**pwysig** *adj.* important
**pwysigrwydd** *nm.* importance
**pwyso** *v.* to weigh
**pwyth**/-au *nm.* stitch
**pwytho** *v.* to stitch
**pyjamas** *nm.* pyjamas
**pyls** *nm.* pulse
**pysgodyn**/pysgod *nm.* fish; **pysgod cragen** shellfish
**pysgota** *v.* to fish
**pysgotwr**/pysgotwyr *nm.* fisherman

# R

**'r** *art.* the
**raced**/-i *nf.* racket
**radio** *nm.* radio
**RAM** *nm.* RAM [*Random Access Memory*]
**ramp**/rampiau *nm.* ramp
**ras**/-ys *nf.* race
**real** *adj.* real
**record**/-iau *nmf.* record
**reid**/-iau *nf.* ride
**reis** *nm.* rice
**restio** *v.* to arrest
**risg**/-iau *nm.* risk
**roeddwn i** *v.* I was
**rôl**/rolau *nf.* role
**rygbi** *nm.* rugby
**rysáit**/ryseitiau *nm.* recipe

# RH

**rhad** *adj.* cheap
**rhaff**/-au *nf.* rope
**rhag** *prep.* from, lest; **RHAG** Parents for Welsh Education
**rhagenw**/-au *nm.* pronoun
**Rhagfyr** *nm.* December
**rhaglen**/-ni *adj.* programme
**rhagolwg**/rhagolygon *nm.* forecast; **rhagolygon y tywydd** weather forecast
**rhagor** *nm.* more
**rhagori** *v.* to excel
**rhai** *pron.* some
**rhaid** *nm.* necessity; **mae ~ i fi** I must
**rhain** *pron.* these
**rhamant**/-au *nf.* romance
**rhan**/-nau *nf.* part
**rhan-amser** *adj.* part-time
**rhanbarth**/-au *nm.* district
**rhedeg** *v.* to run
**rhegi** *v.* to swear
**rheilffordd**/rheilffyrdd *nf.* railway
**rheiny** *pron.* those
**rhent**/-i *nm.* rent
**rheol**/-au *nf.* rule
**rheolaeth**/-au *nf.* control
**rheolaidd** *adj.* regular
**rheoli** *v.* to rule, to control
**rheolwr**/rheolwyr *nm.* ruler
**rhes**/-i *nf.* row
**rhestr**/-i *nf.* list
**rhestru** *v.* to list
**rheswm**/rhesymau *nm.* reason

**rhesymu** *v.* to reason
**rhewgell**/-oedd *nf.* freezer
**rhewllyd** *adj.* icy
**rhiant**/rhieni *nm.* parent; **rhieni cu** grandparents
**rhif**/-au *nm.* number
**rhiw**/-iau *nmf.* hill
**rhodd**/-ion *nf.* gift
**rhoddi** *v.* to give
**rhoi** *v.* to give; **~ gwybod** to inform
**rholio** *v.* to roll
**rholyn**/rholiau *nm.* roll
**rhuban**/-au *nm.* ribbon
**rhugl** *adj.* fluent
**rhuthro** *v.* to rush
**rhwd** *nm.* rust
**rhwng** *prep.* between
**rhwyd**/-i *nm.* net
**rhwydwaith**/rhwydweithiau *nm.* network
**rhwym** *adj.* bound, constipated
**rhwymyn**/rhwymau *nm.* bandage
**rhwystr**/-au *nm.* impediment, hindrance
**rhybudd**/-ion *nm.* warning
**rhybuddio** *v.* to warn
**rhydu** *v.* to rust
**rhyddhad** *nm.* relief
**rhyddid** *nm.* freedom
**rhyfedd** *adj.* strange
**rhyfeddu** *v.* to wonder
**rhyfel**/-oedd *nm.* war
**rhyngrwyd** *nm.* internet
**rhyngwladol** *adj.* international
**rhythm**/-au *nm.* rhythm
**rhyw**/-iau *nf.* sex, gender; *nmf.* sort; *adj.* some
**rhywbeth** *nm.* something
**rhywiol** *adj.* sexy
**rhywle** *adv.* somewhere
**rhywrai** *pron.* some people
**rhywun** *nm.* someone

# S

**Sabath** *nm.* Sabbath
**sach**/-au *nf.* sack; **~ gefn** backpack; **~ gysgu** sleeping bag
**Sadwrn** *nm.* Saturday
**saer**/seiri *nm.* carpenter
**Saesneg** *nf.* English
**Saesnes**/-au *nf.* Englishwoman
**saeth**/-au *nf.* arrow
**saethu** *v.* to shoot
**safle**/-oedd *nm.* position
**safon**/-au *nf.* standard
**sail**/seiliau *nf.* foundation
**sain**/seiniau *nm.* sound
**Sais**/Saeson *nm.* Englishman
**saith** *num.* seven
**sâl** *adj.* ill
**salad**/-au *nm.* salad
**salw** *adj.* ugly
**salwch** *nm.* illness; **~ môr** seasickness
**sampl**/-au *nm.* sample
**sanctaidd** *adj.* holy
**sandal**/-au *nm.* sandal
**sarhad** *nm.* insult
**sarhau** *v.* to insult
**sawdl**/sodlau *nmf.* heel
**sawl** *adj.* several; *interrog.* how many
**Sbaen** *nf.* Spain
**Sbaeneg** *nf.* Spanish language
**Sbaenes**/-au *nf.* Spanish woman
**Sbaenwr**/Sbaenwyr *nm.* Spaniard
**sbardun**/-au *nm.* accelerator
**sbectol**/-au *nf.* spectacles; **~ haul** sun glasses
**sbwng** *nm.* sponge

**sbwriel** *nm.* trash
**sbwylio** *v.* to spoil
**sebon**/-au *nm.* soap
**sedd**/-au/-i *nf.* seat
**sefydliad**/-au *nm.* institution
**sefydlu** *v.* to establish
**Seisnig** *adj.* English
**sêl**/-s *nf.* sale
**seler**/-ydd *nf.* cellar
**senedd** *nf.* parliament
**seremoni**/seremonïau *nf.* ceremony
**seren**/sêr *nf.* star
**set**/-iau *nf.* set; **~ deledu** television set
**setlo** *v.* to settle
**sgarff**/-iau *nf.* scarf
**sgert**/-iau *nf.* skirt
**sgi**/-s *nm.* ski
**sgio** *v.* to ski; **~ dŵr** to water ski
**sglefrio** *v.* to skate; **~ iâ** to ice skate
**sgôr** *nm.* score
**sgorio** *v.* to score
**sgrifennu** *v.* to write
**sgrin**/-au *nf.* screen; **~ haul** sun screen
**sgwâr**/sgwarau *nm.* square
**sgwrs**/sgyrsiau *nf.* conversation, chat
**sgwrsio** *v.* to chat, to converse
**shwmae** *inter.* hello, how are you
**siaced**/-i *nf.* jacket; **~ achub** life jacket
**siampŵ**/-s *nm.* shampoo
**siarad** *v.* to talk; **~ â** to talk to
**siarc**/-od *nm.* shark
**siawns**/-au *nf.* chance
**sicrwydd** *nm.* certainty
**sidan**/-au *nm.* silk
**sidanaidd** *adj.* silky
**siec**/-iau *nf.* cheque; **~ deithio** traveller's cheque
**sigâr**/sigarau *nf.* cigar
**sigarét**/-s/sigaretau *nf.* cigarette
**silff**/-oedd *nf.* shelf; **~ lyfrau** bookshelf
**sillafu** *v.* to spell
**sinc** *nm.* sink
**sinema**/sinemâu *nf.* cinema
**sioc**/-iau *nm.* shock
**sioe**/-au *nf.* show
**siom**/-au *nmf.* disappointment
**siomi i** *v.* to disappoint
**Siôn Corn** *nm.* Santa Claus
**siop**/-au *nf.* shop; **~ bapur** newsagent; **~ ddillad** clothes shop; **~ goffi** coffee shop; **~ lyfrau** bookstore
**siopa** *v.* to shop
**siswrn**/sisyrnau *nm.* scissors
**siwgr**/-au *nm.* sugar
**siwmper**/-i *nf.* jumper, pullover
**siŵr** *adj.* sure
**siwrnai**/siwrneiau *nf.* journey
**siwt**/-iau *nf.* suit; **~ nofio** swimsuit
**smalio** *v.* to joke
**smwddio** *v.* to iron
**soffa** *nf.* sofa
**solid** *adj.* solid
**sôn** *v.* to mention
**stadiwm**/stadiymau *nm.* stadium
**staen**/-au *nm.* stain
**staer** *npl.* stairs
**stafell**/-oedd *nf.* room; **~ wely** bedroom; **~ ymolchi** bathroom
**stamp**/-iau *nm.* stamp
**stecen**/stêcs *nf.* steak
**stôl**/stolion *nf.* stool
**stopio** *v.* to stop
**stordy**/stordai *nm.* warehouse, storeroom
**stori**/storïau *nf.* story
**storio** *v.* to store
**storm**/-ydd *nf.* storm
**straen** *nm.* strain
**stryd**/-oedd *nf.* street

**stumog**/-au *nf.* stomach
**sudd**/-oedd *nm.* juice; **~ lemwn** lemon juice; **~ oren** orange juice
**suddo** *v.* to sink
**sugno** *v.* to suck
**sugnydd llwch** *nm.* vacuum cleaner
**Sulgwyn** *nm.* Whitsun
**sur** *adj.* sour
**sut** *interrog.* how
**sw**/sŵau *nm.* zoo
**swigen**/swigod *nf.* bubble
**Swisiad**/Swisiaid *nm.* Swiss person
**swits**/-ys *nm.* switch
**swm**/symiau *nm.* sum
**sŵn**/synau *nm.* sound, noise
**swnllyd** *adj.* noisy
**swper**/-au *nmf.* supper
**swydd**/-i *nf.* job, post; **~ wag** vacancy
**swyddfa**/swyddfeydd *nf.* office; **~ dwristaidd** tourist office; **~ bost** post office
**swyddog**/-ion *nm.* officer
**swyn**/-ion *nm.* charm
**sych** *adj.* dry
**syched** *nm.* thirst; **mae ~ arna i** I'm thirsty
**sychedig** *adj.* thirsty
**sychu** *v.* to dry
**sylw**/-adau *nm.* observation
**sylweddol** *adj.* substantial
**sylweddoli** *v.* to realise
**sylwi** *v.* to notice
**syml** *adj.* simple
**symptom**/-au *nm.* symptom
**symud** *v.* to move
**symudiad**/-au *nm.* movement
**synagog**/-au *nm.* synagogue
**syniad**/-au *nm.* idea
**synnu** *v.* to surprise
**syr** *nm.* sir
**syrcas**/-au *nm.* circus
**syth** *adj.* straight
**sythu** *v.* to shiver

# T

**tabl**/-au *nm.* table
**Tachwedd** *nm.* November
**tacsi**/-s *nm.* taxi
**tad**/-au *nm.* father
**tad bedydd** *nm.* godfather
**tad-cu**/tadau cu *nm.* grandfather [*S.W.*]
**tad-yng-nghyfraith** *nm.* father-in-law
**tafarn**/-au *nmf.* public house
**tafell**/-au *nf.* slice
**taflen**/-ni *nf.* leaflet
**taflu** *v.* to throw
**tafodiaith**/tafodieithoedd *nf.* dialect
**tagu** *v.* to choke, to strangle
**taid**/teidiau *n.m.* grandfather [*N.W.*]
**tair** *num.f.* three
**taith**/teithiau *nf.* journey; **~ gerdded** hike
**tâl**/taliadau *nm.* pay
**talcen**/-ni *nm.* forehead
**taldra** *nm.* height
**tan** *prep.+ S.M.* until
**tân**/tanau *nm.* fire; **~ gwyllt** fireworks
**tanddaear** *adj.* underground
**tanio** *v.* to fire, to start [*engine*]
**taniwr**/tanwyr *nm.* lighter, starter
**tanwydd**/-au *nf.* fuel
**tap**/-iau *nm.* tap
**taran**/-au *nf.* thunder
**tarfu** *v.* to disturb
**targed**/-au *nm.* target
**taro** *v.* to hit, to strike
**tarten**/-au *nf.* tart
**tatŵ**/s *nm.* tattoo

137

**tawel** *adj.* quiet, silent
**tawelwch** *nm.* silence
**te** *nm.* tea
**tebot**/-au *nm.* teapot
**tebyg** *adj.* alike
**teg** *adj.* fair
**tegan**/-au *nm.* toy
**tegell**/-au *nm.* kettle
**tei**/-s *nm.* tie
**teiar**/-s *nm* tire
**teiliwr**/teilwriaid *nm.* tailor
**teimlad**/-au *nm.* feeling
**teimlo** *v.* to feel
**teipio** *v.* to type
**teisen**/-nau *nf.* cake
**teithio** *v.* to travel
**teithiwr**/teithwyr *nm.* traveller
**teitl**/-au *nm.* title
**teledu** *nm.* television; **set deledu** *nf.*
    television set
**teleffôn**/teleffonau *nm.* telephone
**telyn**/-au *nf.* harp
**teml**/-au *nf.* temple
**tenau** *adj.* thin
**tennis** *nm.* tennis
**teras**/-au *nm.* terrace
**terfyn**/-au *nm.* limit, boundary
**terfynol** *adj.* final
**terfysg**/-oedd *nm.* riot
**testun**/-au *nm.* text, subject
**teulu**/-oedd *nm.* family
**tew** *adj.* fat
**teyrnged**/-au *nf.* tribute
**ti** *pron.* you
**tîm**/timau *nm.* team
**tir**/-oedd *nm.* land
**tirfeddiannwr**/tirfeddianwyr *nm.*
    landlord
**tirlun**/-iau *nm.* landscape
**tisian** *v.* to sneeze
**tlawd** *adj.* poor
**to**/toeon *nm.* roof
**tocyn**/nau *nm.* ticket
**toes** *nm.* dough
**toiled**/-au *nm.* toilet
**toll**/-au *nf.* toll, tax
**torf**/-eydd *nf.* crowd
**toriad**/-au *nm.* break; **~ gwallt** haircut
**torri** *v.* to break, to cut; **~ lawr** to break
    down
**torrwr**/torwyr *nm.* cutter; **~ gwallt**
    barber
**torth**/-au *nf.* loaf
**tra** *adv.* + *SP.M.* quite, very; *conj.* while
**traddodiad**/-au *nm.* tradition
**traddodiadol** *adj.* traditional
**trafferth**/-ion *nf.* difficulty
**traffig** *nm.* traffic
**trafnidiaeth** *nf.* traffic; **~ gyhoeddus**
    public transport
**traeth**/-au *nm.* beach
**tragwyddol** *adj.* everlasting, eternal
**trais** *nm.* violence, rape
**tramor** *adj.* foreign
**tramorwr**/tramorwyr *nm.* foreigner
**traul**/-treuliau *nf.* expense
**tref**/-i *nf.* town; **i'r dref** to town
**trefn**/-au *nf.* order
**trefnu** *v.* to order, to sort, to arrange
**trefol** *adj.* urban
**treisgar** *adj.* violent
**treisio** *v.* to violate, to rape
**trên**/trenau *nm.* train
**treth**/-i *nf.* tax
**trethu** *v.* to tax
**treulio** *v.* to spend
**tri** *num.m.* three
**triniaeth**/-au *nf.* treatment
**trinydd gwallt** *nm.* hairdresser

**trist** *adj.* sad
**tro**/troeon *nm.* turn, walk; **mynd am
    dro** to go for a walk
**troed**/traed *nf.* foot
**troednoeth** *adj.* barefoot
**troi** *v.* to turn
**trosedd**/-au *nmf.* crime
**trosglwyddo** *v.* to transfer
**trosi** *v.* to transfer, to translate, to
    convert
**trowsus** *nm.* trousers
**truan** *nm.* wretch
**trwm** *adj.* heavy
**trwsio** *v.* to mend, to repair
**trwy** *prep.*+ *S.M.* through
**trwydded**/-au *nf.* licence
**trwyddedu** *v.* to license
**trwyn**/-au *nm.* nose
**trymaidd** *adj.* heavy, close [*weather*]
**trysor**/-au *nm.* treasure
**tsieni** *nm.* china
**tua** *prep.*+ *SP.M.* around, about
**tuag at** *prep.* + *S.M.* towards
**tudalen**/-nau *nf.* page
**tuedd**/-au *nf.* tendency
**tueddu** *v.* to tend
**tun**/-iau *nm.* tin
**tusw**/-au *nm.* posy
**twf** *nm.* growth; **Twf** Organisation for
    promoting use of Welsh in the home
**twll**/tyllau *nm.* hole; **~ y clo** keyhole
**twnnel**/twnelau *nm.* tunnel
**twpsyn**/twpsod *nm.* fool
**twr**/tyrau *nm.* tower
**twrist**/twristiaid *nm.* tourist
**twristiaeth** *nf.* tourism
**twyllo** *v.* to cheat
**twym** *adj.* warm
**twymyn** *nm.* fever; **~ y gwair** hay fever
**tŷ**/tai *nm.* house; **~ bach** toilet; **~ tafarn**
    public house
**tyfu** *v.* to grow
**tymer** *nf.* temper
**tymheredd** *nm.* temperature
**tymor**/tymhorau *nm.* term, season
**tyn** *adj.* tight
**tynnu** *v.* to pull; **~ i ffwrdd** to take
    away, to take off
**tyrfa**/-oedd *nf.* crowd
**tyrnsgriw**/-iau *nm.* screwdriver
**tyst**/-ion *nm.* witness
**tystiolaeth**/-au *nf.* evidence
**tywel**/-ion *nm.* towel; **~ mislif** sanitary
    towel
**tywod** *nm.* sand
**tywydd** *nm.* weather
**tywyll** *adj.* dark
**tywyllwch** *nm.* darkness
**tywys** *v.* to guide, to lead
**tywysydd**/tywyswyr *nm.* guide

## TH

**theatr**/-au *nf.* theatre
**thermomedr**/-au *nm.* thermometer

## U

**uchaf** *adj.* highest
**uchder** *nm.* height
**uchel** *adj.* high
**uchelgais** *nmf.* ambition
**uchelseinydd**/-ion *nm.* loudspeaker
**uffern** *nf.* hell
**un** *num.* one
**undeb**/-au *nm.* union; **~ Ewropeaidd**
    European Union
**Undodiaid** *npl.* Unitarians

**uned**/-au *nf.* unit
**unieithog** *adj.* monolingual
**unig** *adj.* only, lonely
**unigrwydd** *nm.* loneliness
**unigryw** *adj.* unique
**union** *adj.* straight; **yn ~** immediately
**uno** *v.* to join, to unite
**Unol Daleithiau America** *npl.* United States of America
**unrhyw** *adj.* any; **~ un** anyone; **~ beth** anything
**unwaith** *adv.* once
**Urdd Gobaith Cymru, yr Urdd** *nf.* Welsh League of Youth
**uwchben** *prep.* above

## W

**wal**/-iau *nf.* wall
**waled**/-i *nf.* wallet
**wats**/-ys *nm.* watch
**wedi** *prep.* after; *verbal* have; **~ blino** tired; **~ ei eni** born; **~ 'i ferwi** boiled; **~ 'i ffrio** fried
**wedyn** *adv.* then, afterwards
**weithiau** *adv.* sometimes
**wincio** *v.* to wink
**wlser**/-au *nm.* ulcer
**wrth** *prep.* + *S.M.* by, near; **~ gwrs** of course; **~ ochr** by the side of
**wyneb**/-au *nm.* face
**wynwynen**/wynwyn *nf.* onion
**ŵyr** *nm.*/wyrion *nm.* grandson
**wyres**/-au *nf.* granddaughter
**wythnos**/-au *nf.* week; **~ nesaf** next week

## Y

**y** *art.* the; **~ cant** per cent; **~ ddau** *m.* both; **~ ddwy** *f.* both; **~ llynedd** last year; **~ Môr Canoldir** the Mediterranean Sea; **~ Pasg** Easter; **~ Swistir** Switzerland; **~ tu allan** outside; **~ tu hwnt i** beyond; **~ tu mewn** inside
**ychwanegol** *adj.* extra, additional
**ychwanegu** *v.* to add
**ychydig** *nm.* a little, a few
**ydy** *v.* yes
**ydy'r** *v.* is the?, are the?
**yfory** *adv.* tomorrow
**yng nghanol** *adv.* in the middle of
**ynghanol** *adv.* in the middle of
**ynghwsg** *adv.* asleep
**ynghyd** *adv.* together
**yma** *adv.* here
**ymadrodd**/-ion *nm.* phrase
**ymarfer** *v.* to practice
**ymarferol** *adj.* practical
**ymatal** *v.* to refrain, to abstain
**ymateb**/-ion *nm.* response; *v.* to respond
**ymbarél**/ymbarelau *nm.* umbrella
**ymchwil** *nf.* research
**ymchwilio** *v.* to research
**ymddangos** *v.* to appear
**ymddeol** *v.* to retire
**ymddiheuro** *v.* to apologise
**ymddiriedaeth** *nf.* trust
**Ymddiriedolaeth Genedlaethol** *nf.* National Trust
**ymddwyn** *v.* to behave
**ymddygiad** *nm.* behaviour
**ymdrochi** *v.* to bathe
**ymgais**/ymgeisiadau *nm.* attempt
**ymwelydd**/ymwelwyr *nm.* visitor
**ymgynnull** *v.* to assemble
**ymhlith** *prep.* among

**ymlacio** *v.* to relax
**ymladd** *v.* to fight; **~ â** + *SP.M.* to fight with
**ymlâdd** *adj.* **wedi ~** exhausted
**ymlaen** *adv.* forward
**ymolchi** *v.* to wash
**ymosodol** *adj.* offensive
**ymsefydlu** *v.* to establish
**ymuno** *v.* to join
**ymweld** *v.* to visit; **~ â** + *SP.M.* to visit
**ymweliad**/-au *nm.* visit
**ymwelydd**/ymwelwyr *nm.* visitor
**ymwybodol** *adj.* conscious
**ymyl**/-on *nf.* edge; **yn ~** near
**yn agos at** *prep.*+ *N.M.* in; **~ agos at** near; **~ erbyn** against; **~ lle** instead of; **~ ôl** back
**yn** *introduces verb or noun; changes adjective to adverb;* **~ aml** often; **~ barod** ready; **~ enwedig** especially; **~ gywir** yours sincerely; **~ ôl** according to; **~ syth** straight, immediately; **~ unig** only, lonely
**yna** *adv.* then
**yno** *adv.* there
**ynys**/-oedd *nf.* island
**ynysu** *v.* to isolate
**yr** *art.* the; **~ Almaen** Germany; **~ Eidal** Italy; **~ un** each; **~ unig** the only; **~ Urdd** the Welsh League of Youth
**ysbryd**/-ion *nm.* spirit
**ysbyty**/ysbytai *nm.* hospital
**ysgol**/-ion *nf.* school, ladder; **~ feithrin** nursery school; **~ fonedd** private school; **~ gyfun** comprehensive school; **~ gynradd** primary school; **~ uwchradd** secondary school; **i'r ~** to school
**ysgoloriaeth**/-au *nf.* scholarship
**ysgrifbin**/-nau *nf.* pen
**ysgrifennu** *v.* to write
**ysgrifennwr**/ysgrifenwyr *nm.* writer
**ysgrifennydd**/ysgrifenyddion *nm.* secretary
**ysgrifenyddes**/-au *nf.* secretary
**ysgubo** *v.* to sweep
**ysgubor**/-iau *nf.* barn
**ysgwyd** *v.* to shake; **~ llaw** to shake hands
**ysgwydd**/-au *nf.* shoulder
**ysgyfaint** *npl.* lungs
**ystâd**/ystadau *nf.* estate
**ystafell**/-oedd *nf.* room; **~ aros** waiting room; **~ fyw** living room
**ystum**/-iau *nm.* gesture
**ystyr**/-on *nmf.* meaning
**ystyried** *v.* to consider
**yswiriant** *nm.* insurance
**yswirio** *v.* to insure

# English-Welsh Dictionary

## A

**a** *art.* no Welsh equivalent
**abbey** *n.* abaty *m.*; mynachlog *f.*
**ability** *n.* gallu *m.*
**able** *adj.* galluog
  **to be able to** gallu *v.*
**abolish** *v.* dileu [*delete*]; gwahardd [*ban*]
**about** *prep.* am + *S.M.* [*about, at+ time*];
  tua + *SP.M.* [*about+ time*]; o gwmpas
  [*around*]
**above** *prep.* + *adv.* uwchben
**abroad** *adv.* dramor; *adj.* tramor
**absent** *adj.* absennol
**absurd** *adj.* ffôl [*foolish*]; afresymol
  [*unreasonable*]
**abuse** *v.* camddefnyddio; cam-
  ddefnydd *nm.*
**academy** *n.* academi *f.*
**accelerate** *v.* cyflymu
**accelerator** *n.* sbardun *m.*
**accent** *n.* acen *f.*
**accept** *v.* derbyn
**accident** *n.* damwain *f.*
**accommodation** *n.* llety *m.*
**accompany** *v.* hebrwng [*across road*];
  cyfeilio [*on piano*]
**accomplish** *v.* cyflawni
**according to** *prep.* yn ôl
**account** *n.* cyfrif *m.*
**accountant** *n.* cyfrifydd *m.*
**accurate** *adj.* cywir
**accusation** *n.* cyhuddiad *m.*
**accuse** *v.* cyhuddo
**accustomed** *adj.* cyfarwydd
**ace** *n.* as *m.*
**ache** *n.* poen *mf.*; *v.* poeni, brifo
**achieve** *v.* cyflawni
**achievement** *n.* cyflawniad *m.*
**acknowledge** *v.* cydnabod
**acknowledgement** *n.* cydnabyddiaeth *f.*
**acquaintance** *n.* cyfaill *m.* [*friend*];
  cydnabod *m.*
**acquire** *v.* cael [*receive*]; ennill [*gain*]
**across** *prep.* ar draws
**act** *n.* act/-au *f.*; *v.* actio
**action** *n.* gweithred *f.* [*deed*]; hwyl *f.* [*fun*]
**active** *adj.* bywiog [*lively*]; gweithgar
  [*working*]
**activity** *n.* gweithgaredd *m.*
**actor** *n.* actor *m.*
**actress** *n.* actores *f.*
**adapt** *v.* addasu
**add** *v.* adio, ychwanegu
**address** *n.* cyfeiriad [*house*]; araith
  [*speech*]
**adjective** *n.* ansoddair *m.*
**administration** *n.* gweinyddiaeth *f.*
**admire** *v.* edmygu
**adolescence** *n.* glasoed *m.*
**adopt** *v.* mabwysiadu
**adult** *n.* oedolyn *m.*
**adultery** *n.* godineb *m.*
**advance** *v.* mynd ymlaen
**advantage** *n.* mantais *f.*
**adventure** *n.* antur *m.*
**advertise** *v.* hysbysebu
**advertisement** *v.* hysbyseb *f.*
**advice** *n.* cyngor *m.*
**aeroplane** *n.* awyren *f.*
**affect** *v.* effeithio
**afford** *v.* fforddio
**afraid** *adj.* ofnus; **I'm afraid** Mae ofn
  arna i

**Africa** *n.* Affrica *f.*
**African** *n.* Affricanwr *m.* Affricanes *f.*; *adj.*
  Affricanaidd
**after** *prep.* ar ôl, wedi
**afternoon** *n.* prynhawn *m.*
**again** *adv.* eto
**against** *prep.* yn erbyn
**age** *n.* oed *m.*
**agency** *n.* asiantaeth *f.*
**agent** *n.* asiant *m.*
**aggressive** *adj.* ymosodol
**ago** *adv.* yn ôl
**agree** *v.* cytuno
**agreement** *n.* cytundeb *m.*
**ahead** *adv.* ymlaen, ar y blaen
**air** *n.* awyr *f.*; **fresh ~** awyr iach
**airline** *n.* cwmni awyrennau *m.*
**airmail** *n.* post awyr *m.*
**airport** *n.* maes awyr *m.*
**alarm** *n.* larwm *m.*
**alarm clock** *n.* cloc larwm *m.*
**alcohol** *n.* alcohol *m.*
**alien** *adj.* dieithr
**alike** *adj.* tebyg
**alive** *adj.* byw
**all** *pron.* pawb
**allergic** *adj.* alergaidd
**allergy** *n.* alergedd *m.*
**allow** *v.* caniatáu
**almost** *adv.* bron
**alone** *adv.* ar ei ben ei hun *m.*; ar ei phen
  ei hun *f.*
**aloud** *adv.* yn uchel
**alphabet** *n.* gwyddor *f.*
**already** *adv.* yn barod, eisoes
**also** *adv.* hefyd
**always** *adv.* bob amser
**amaze** *v.* rhyfeddu
**ambassador** *n.* llysgennad
**ambiguous** *adj.* amwys
**ambition** *n.* uchelgais *m.*
**ambulance** *n.* ambiwlans *m.*
**America** *n.* America *f.*
**American** *n.* Americanwr *m.*;
  Americanes *f.*; *adj.* Americanaidd
**among** *prep.* ymhlith
**amount** *m.* swm *m.*
**ancestor** *n.* hynafiad *m.*
**anchor** *n.* angor *f.*
**ancient** *adj.* hynafol
**and** *conj.* a + *SP.M.*, ac
**angel** *n.* angel *m.*
**anger** *n.* dicter *m.*
**angle** *n.* ongl *f.*
**angry** *adj.* dig
**animal** *n.* anifail *m.*
**ankle** *n.* migwrn *m.*
**anniversary** *n.* blwyddiant *m.*
**announcement** *n.* cyhoeddiad *m.*
**annual** *adj.* blynyddol
**another** *adj.* arall
**answer** *n.* ateb *m.*
**anxiety** *n.* pryder *m.*
**anxious** *adj.* pryderus
**any** *adj.* unrhyw
**anybody** *n.* unrhyw un *mf.*
**apart** *prep.* ar wahân
**apartment** *n.* fflat *f.*
**apologize** *v.* ymddiheuro
**appearance** *n.* golwg *mf.*
**appendicitis** *n.* pendics *m.*
**appetite** *n.* archwaeth *m.*
**applaud** *v.* cymeradwyo
**applause** *n.* cymeradwyaeth *f.*

**apple** n. afal m.
**appliance** n. teclyn m.
**application** n. cais m.
**apply** v. ymgeisio, gwneud cais
**appointment** n. apwyntiad m.
**apprentice** n. prentis m.
**apprenticeship** n. prentisiaeth f.
**approach** v. nesáu
**appropriate** adj. addas, priodol
**approve** v. cymeradwyo
**April** n. Ebrill m.
**Arab** n. Arab m.; adj. Arabaidd
**arch** n. bwa m.
**architecture** n. pensaernïaeth f.
**archive** n. archif m.
**area** n. arwynebedd m., ardal f. [region]
**argument** n. dadl f.
**arm** n. braich f.
**armchair** n. cadair freichiau f.
**armpit** n. cesail f.
**army** n. byddin f.
**around** prep. o gwmpas
**arrest** v. restio
**arrival** n. dyfodiad m.
**arrive** v. cyrraedd
**arrow** n. saeth f.
**art** n. celfyddyd f.; celf f.
**article** n. erthygl f.
**artificial** adj. artiffisial
**artist** n. artist m.
**as** conj. fel
**ash** n. lludw m., llwch m.
**ashtray** n. blwch llwch m.
**Asia** n. Asia f.
**Asian** n. Asiad m.; adj Asiaidd
**ask** v. gofyn
**asleep** adv. ynghwsg
**Assembly** n. Cynulliad m.; National ~ of Wales Cynulliad Cenedlaethol Cymru
**assist** v. cynorthwyo
**assistant** n. cynorthwywr m., cynorthwywraig f.
**association** v. cymdeithas f.
**assure** v. sicrhau
**at** prep. ger, wrth + S.M., yn [in] + N.M.
**athlete** n. athletwr m.
**ATM** n. peiriant arian m.
**attempt** v. ceisio; n. ymdrech f.
**attention** n. sylw m.
**attitude** n. agwedd f.
**attorney** n. cyfreithiwr m.
**attract** v. denu
**attractive** adj. deniadol
**auction** n. ocsiwn f.
**August** n. Awst m.
**aunt** n. modryb f.
**Australia** n. Awstralia f.
**Austria** n. Awstria f.
**authentic** adj. dilys
**author** n. awdur m., awdures f.
**authorise** v. awdurdodi
**authority** n. awdurdod m.
**automatic** adj. awtomatig
**available** adj. ar gael
**avenue** n. rhodfa f.
**average** n. cyfartaledd m.
**avoid** v. osgoi
**aware** adj. ymwybodol
**away** adv. i ffwrdd
**awful** adj. ofnadwy

**B**

**baby** n. baban m.
**babysit** v. gwarchod
**babysitter** n. gofalwr m., gofalwraig f.
**bachelor** n. hen lanc m.

**back** adv. yn ôl; n. cefn m.
**backbone** n. asgwrn cefn m.
**backpack** n. sach gefn f.
**backwards** adv. tuag yn ôl
**bacteria** n. bacteria mpl.
**bad** adj. gwael, drwg
**bag** n. bag m.
**baggage** n. bagiau mpl.
**bake** v. pobi
**baker** n. pobydd m.
**balance** v. cydbwyso; n. balans m. [bank]
**balcony** n. balconi m., balcon m.
**bald** adj. moel
**ball** n. pêl f.
**ballet** n. bale m.
**ballpoint pen** n. beiro m.
**ban** v. gwahardd; n. gwaharddiad m.
**band** n. band m.
**bandage** n. rhwymyn m.
**bank** n. banc m.
**banker** n. banciwr m.
**banquet** n. gwledd f.
**baptism** n. bedydd m.
**baptise** v. bedyddio
**bar** n. bar m.
**barber** n. barbwr m., torrwr gwallt m.
**bard** n. bardd m.
**bare** adj. noeth
**barefoot** adj. troednoeth
**bargain** n. bargen f.
**barn** n. ysgubor m.
**basement** n. llawr gwaelod m.
**basin** n. basn m.
**basis** n. sail f.
**basket** n. basged f.
**bath** n. bath m.
**bathe** v. ymdrochi
**bathroom** n. stafell ymolchi f.
**bathtub** n. bath m.
**battery** n. batri m.
**bay** n. bae m.
**be** v. bod
**beach** n. traeth m.
**beard** n. barf f.
**beat** v. curo; n. curiad m.
**beautiful** adj. prydferth
**beauty** n. prydferthwch m.
**because** conj. achos, oherwydd
**become** v. dod yn
**bed** n. gwely m.
**bedding** n. dillad gwely mpl.
**bedroom** n. stafell wely f.
**bee** n. gwenynen f.
**beer** n. cwrw m.
**before** prep. cyn
**beg** v. cardota
**begin** v. dechrau
**beginner** n. dechreuwr m.
**beginning** n. dechreuad m.
**behave** v. ymddwyn
**behind** prep. y tu ôl i
**Belgian** n. Belgiad mf; adj. Belgaidd
**Belgium** n. Gwlad Belg f.
**belief** n. cred f.
**believe** v. credu
**bell** n. cloch f.
**belly** n. bola m.
**belong** v. perthyn
**belongings** n. eiddo m.
**below** prep. dan + S.M.; adv. isod
**belt** n. gwregys m.
**bench** n. mainc f.
**benefit** n. lles m.
**beside** prep. ger, wrth
**best** adj. gorau
**bet** v. betio
**better** adj. gwell
**between** prep. rhwng

**beverage** n. diod f.
**beware** inter. gofal
**beyond** prep. y tu hwnt i
**bib** n. bib m.
**Bible** n. Beibl m.
**bicycle** n. beic m.
**big** adj. mawr
**bikini** n. bicini m.
**bilingual** adj. dwyieithog
**bill** n. bil m.
**billion** num. biliwn f.
**bird** n. aderyn m.
**birth** n. genedigaeth f.
**birth control pill** n. pilsen wrthgenhedlu f.
**birthday** n. pen blwydd m.
**bit** n. darn m.; **a bit** adv. ychydig
**bitter** adj. chwerw
**black** adj. du
**blade** n. llafn f.
**blanket** n. blanced f.
**bleed** v. gwaedu
**blend** v. cymysgu
**bless** v. bendithio
**blind** adj. dall
**blindness** n. dallineb m.
**blister** n. pothell f.
**block** n. bloc m.
**blond** adj. golau
**blood** n. gwaed m.
**blouse** n. blows f.
**blow** v. chwythu
**blue** adj. glas
**board** n. bwrdd m.
**boarding school** n. ysgol breswyl f.
**boat** n. cwch m., bad m.
**body** n. corff m.
**boil** v. berwi
**bolt** n. bollt f.
**bomb** n. bom m.
**bone** n. asgwrn m.
**book** n. llyfr m.; v. archebu, cadw lle [keep a room/seat]
**bookcase** n. cwpwrdd llyfrau m.
**bookstore** n. siop lyfrau f.
**boot** n. cist f.
**border** n. ffin f.
**born** v. geni
**boss** n. bos m.
**both** adv., pron. y ddau
**bother** v. poeni
**bottle** n. potel f.
**bow** n. bwa m.
**bowl** n. powlen f.
**bowl** v. bowlio
**box** n. blwch m.
**bracelet** n. breichled f.
**bread** n. bara m.
**break** v. torri
**break down** v. torri lawr
**breakfast** n. brecwast m.; **for ~** i frecwast
**breast** n. bron f.
**breath** n. anadl f.
**breathe** v. anadlu
**breeze** n. awel f.
**bride** n. priodferch f.
**bridge** n. pont f.
**brief** adj. byr, cryno
**briefs** n. pans m.
**bright** adj. disglair
**bring** v. dod â + SP.M.
**brother** n. brawd m.
**brother-in-law** n. brawd-yng-nghyfraith m.
**brown** adj. brown
**bruise** n. clais m.
**brush** n. brwsh m.

**bubble** n. swigen f.
**bucket** n. bwced m.
**budget** n. cyllideb f.
**build** v. adeiladu
**building** n. adeilad m.
**bulb** n. bwlb m.
**bullet** n. bwled f.
**bunch** n. tusw m.
**burglar** n. lleidr m.
**burn** v. llosgi
**burst** v. torri
**bury** v. claddu
**bus** n. bws m.
**business** n. busnes m.
**busy** adj. prysur
**but** conj. ond
**butcher** n. cigydd m.
**button** n. botwm m.
**buy** v. prynu
**by** prep. wrth +S.M.
**bye-bye** inter. hwyl fawr, pob hwyl

## C

**cab** n. tacsi m.
**cable** n. cebl m.
**café** n. caffe m.
**cage** n. cawell f.
**cake** n. teisen f., cacen f.
**calculate** v. cyfrifo
**calculator** n. cyfrifiannell m.
**calendar** n. calendr m.
**call** v. galw; n. galwad f.
**calling card** n. cerdyn galw m.
**camera** n. camera m.
**camp** n. gwersyll m.
**can** v. gallu; n. tun m.
**Canada** n. Canada f.
**Canadian** n. Canadiad m.; adj. Canadaidd
**cancel** v. dileu, canslo
**cancer** n. canser m.
**candle** n. cannwyll f.
**candy** n. losin pl.
**canoe** n. canŵ f.
**cap** n. cap m.
**capable** adj. galluog
**capital** n. prifddinas f.
**captain** n. capten m.
**car** n. car m.
**card** n. cerdyn m.
**cardboard** n. cardfwrdd m.
**Cardiff** Caerdydd
**care** n. gofal m; v. gofalu
**careful** adj. gofalus
**carpet** m. carped
**carry** v. cario
**carton** n. carton m.
**case** n. cês m. [bag]; achos m. [law]
**cash** n. arian m.
**cashier** n. ariannwr m.
**casino** n. casino m.
**castle** n. castell m.
**casual** adj. hamddenol [leisurely], achlysurol [now and again]
**cat** n. cath f.
**catalogue** n. catalog m.
**catch** v. dal
**cathedral** n. eglwys gadeiriol f.
**Catholic** adj. Catholig
**Catholicism** n. Catholigaeth f.
**caution** n. gofal m.
**cautious** adj. gofalus
**cave** n. ogof f.
**CD** n. CD m.
**CD player** n. chwaraewr CD m.
**CD-ROM** n. CD-ROM m.
**ceiling** n. nenfwd m.

**celebrate** v. dathlu
**cell** n. cell f.
**cellar** n. seler f.
**cemetery** n. mynwent f.
**centre** n. canol m.
**centimeter** n. centimetr m.
**central** adj. canolog
**century** n. canrif f.
**ceremony** n. seremoni f.
**chain** n. cadwyn f.
**chair** n. cadair f.
**chance** n. siawns f.
**change** v. newid; n. newid m.
**chapter** n. pennod f.
**character** n. cymeriad m.
**charge** v. codi tâl
**charges** n. taliadau mpl.
**chat** v. sgwrsio; n. sgwrs f.
**cheap** adj. rhad
**cheat** v. twyllo
**check** v. gwirio, edrych (look)
**cheque** n. siec f.
**cheek** n. boch f.
**Cheers!** inter. lechyd da!
**cheese** n. caws m.
**chemical** adj. cemegol
**chess** n. gwyddbwyll m.
**chest** n. brest f.
**chew** v. cnoi
**child** n. plentyn m.
**childhood** n. plentyndod m.
**chin** n. gên f.
**china** n. tsieni m.
**choice** n. dewis m.
**choke** v. tagu
**choose** v. dewis
**Christian** n. Cristion m.; adj. Cristnogol
**Christianity** n. Cristnogaeth f.
**Christmas** n. Nadolig m.; **Merry ~** Nadolig Llawen
**church** n. eglwys f.
**cigar** n. sigâr f.
**cigarette** n. sigarét f.
**circle** n. cylch m.
**circumstance** n. amgylchiad m.
**circus** n. syrcas m.
**citizen** n. dinesydd m.
**city** n. dinas f.
**civil** adj. sifil
**civilian** n. dinesydd m.
**civilisation** n. gwareiddiad m.
**classic** adj. clasurol
**clean** adj. glân
**clear** adj. clir
**clever** adj. clyfar
**client** n. cleient m.
**cliff** n. clogwyn m.
**climate** n. hinsawdd f.
**climb** v. dringo
**clinic** n. clinig m.
**clock** n. cloc m.
**close** v. cau
**closed** adv. ar gau
**cloth** n. lliain m.
**clothe** v. dilladu, gwisgo
**clothes** n. dillad pl.
**cloud** n. cwmwl m.
**coast** n. arfordir m.
**coat** n. cot f.
**cobbler** n. crydd m.
**code** n. cod m.
**coffee** n. coffi m.
**coffee shop** n. siop goffi f.
**coffin** n. arch f.
**coin** n. darn arian m.
**cold** adj. oer
**collect** v. casglu
**collection** n. casgliad m.

**college** n. coleg m.
**collide** v. gwrthdaro
**collision** n. gwrthdrawiad m.
**colour** n. lliw m.
**column** n. colofn f.
**comb** n. crib f.
**combination** n. cyfuniad m.
**come** v. dod
**comfort** n. cysur m.
**comfortable** adj. cysurus
**comma** n. atalnod m., coma m.
**comment** n. sylw m.
**commission** n. comisiwn m.
**commissioner** n. comisiynydd m.; **Language ~** Comisiynydd Iaith
**committee** n. pwyllgor m.
**common.** adj. cyffredin
**communicate** v. cyfathrebu
**company** n. cwmni m.
**compare** v. cymharu
**comparison** n. cymhariaeth f.
**compartment** n. adran f.
**compass** n. cwmpawd m.
**compensate** v. gwneud iawn
**competition** n. cystadleuaeth f.
**complain** v. cwyno
**complaint** n. cwyn mf.
**complete** v. cwblhau; adj. cyflawn
**compliment** n. canmoliaeth f.
**compose** v. cyfansoddi
**composer** n. cyfansoddwr m.
**composition** n. cyfansoddiad m.
**comprehensive** adj. cyfun, cyflawn
**computer** n. cyfrifiadur m.
**concern** n. pryder m., gofal m.
**concert** n. cyngerdd mf.
**concrete** n. concrit; adj. pendant
**condemn** v. condemnio
**condition** n. cyflwr m., amod mf. [term]
**condolences** n. cydymdeimlad m.
**condom** n. condom m.
**conductor** n. arweinydd m., tocynnwr m. [bus]
**confess** v. cyfaddef
**confession** n. cyffes f
**confidence** n. hyder m.
**confirm** v. cadarnhau
**conflict** v. gwrthdaro
**confuse** v. cymysgu
**congratulate** v. llongyfarch
**congratulations** inter. llongyfarchiadau
**connect** v. cysylltu
**connection** n. cysylltiad m.
**conscious** adj. ymwybodol
**consequence** n. canlyniad m.
**conserve** v. gwarchod, cadw
**consider** v. ystyried
**consonant** n. cytsain f.
**constipation** n. rhwymedd m.
**consul** n. conswl m.
**consulate** n. llysgenhadaeth f.
**contact** v. cysylltu
**contact lenses** n. lensys cyswllt fpl.
**contagious** adj. heintus
**contain** v. cynnwys
**container** n. cynhwysydd m.
**contaminate** v. llygru
**contempt** n. dirmyg m.
**content** adj. bodlon
**continent** n. cyfandir m.
**continue** v. parhau
**contraceptive** n. gwrthgenhedlu m.
**contract** n. cytundeb m., contract m.
**control** v. rheoli
**convent** n. cwfaint m.
**conversation** n. sgwrs f.
**convert** v. trosi
**convince** v. argyhoeddi

143

**cook** v. coginio; n. cogydd m., cogyddes f.
**cool** adj. oer, oerllyd
**copy** v. copïo; n. copi m.
**cordially** inter. yn gywir
**core** n. craidd m.
**cork** n. corc m.
**corner** n. cornel mf.
**corpse** n. corff m.
**correct** adj. cywir; v. cywiro
**correction** n. cywiriad m.
**correspondence** n. gohebiaeth f. [letters]; cyfatebiaeth f. [similarity]
**cost** n. cost f.; v. costio
**cot** n. cot f.
**cotton** n. cotwm m.
**couch** n. soffa m.
**cough** v. pesychu; n. peswch m.
**count** v. cyfrif
**counter** n. cownter m.
**country** n. gwlad f.
**couple** n. pâr m.
**course** n. cwrs m.
**court** n. llys m.
**courtyard** n. buarth m.
**cousin** n. cefnder m., cyfnither f.
**cover** n. clawr m.; v. gorchuddio
**cow** n. buwch f.
**cradle** n. crud m.
**craft** n. crefft f.
**craftsman** n. crefftwr m.
**crash** n. gwrthdrawiad m.; v. crasio
**crawl** v. cropian
**crazy** adj. gwallgof, gwallgo
**cream** n. hufen m.
**create** v. creu
**credit** n. credyd m.; ~ **card** n. cerdyn credyd m.
**crew** n. criw m.
**crime** n. trosedd mf.
**criticise** v. beirniadu
**criticism** n. beirniadaeth f.
**cross** n. croes f.; v. croesi; adj. dig
**cruise** v. mordeithio; n. mordaith f.
**crumb** n. briwsionyn m.
**crumble** v. chwalu
**cry** v. crio, llefain, wylo
**culture** n. diwylliant m.
**cup** n. cwpan mf.
**cupboard** n. cwpwrdd m.
**cure** n. gwellhad m.
**curious** v. chwilfrydig
**curl** n. cyrl m.
**currency** n. arian m.
**current** adj. cyfredol, presennol
**curtain** n. llen f.
**curve** n. tro m.
**cushion** n. clustog f.
**custom** n. arfer mf.
**customer** n. cwsmer m.
**customs** n. tollau pl.; arferion mpl. [habits]
**cut** v. torri; n. cwt m., toriad m.

## D

**dad** n. dad m.
**daily** adj. dyddiol
**dairy** n. llaethdy m.
**damage** n. niwed m.
**damp** adj. llaith
**dance** n. dawns f.; v. dawnsio; ~ **club** clwb dawnsio
**danger** n. perygl m.
**dangerous** adj. peryglus
**dare** v. mentro
**dark** adj. tywyll
**darkness** n. tywyllwch m.
**date** n. dyddiad m., oed m. [appointment]

**daughter** n. merch f.
**daughter-in-law** n. merch-yng-nghyfraith f.
**dawn** n. gwawr f.
**day** n. dydd m., diwrnod m.
**daycare** n. gofal dydd m.
**dead** adj. marw
**deadly** adj. marwol, angheuol
**deaf** adj. byddar
**deafness** n. byddardod m.
**deal** v. delio; n. bargen f.
**dealer** n. deliwr m.
**dear** adj. annwyl
**death** n. marwolaeth f.
**debt** n. dyled f.
**decade** n. degawd mf.
**decaffeinated** adj. digaffin
**deceive** v. twyllo
**December** n. Rhagfyr m.
**decide** v. penderfynu
**decision** n. penderfyniad m.
**declare** v. cyhoeddi
**decorate** v. addurno
**decoration** n. addurn m.
**decrease** v. lleihau
**deep** adj. dwfn
**defect** n. nam m.
**defend** v. amddiffyn
**defense** n. amddiffyniad f.
**define** v. diffinio
**definition** n. diffiniad m.
**degree** n. gradd f.
**delay** v. oedi
**delete** v. dileu
**delicious** adj. blasus
**deliver** v. dosbarthu
**demand** v. hawlio
**democracy** n. democratiaeth f.
**demonstration** n. gwrthdystiad m.
**dentist** n. deintydd m.
**departure** n. ymadawiad m.
**depend** v. dibynnu
**deposit** n. ernes m.
**depression** n. iselder m.
**depth** n. dyfnder m.
**descend** v. disgyn
**describe** v. disgrifio
**desert** n. anialwch m.
**deserve** v. haeddu
**desire** n. dymuniad m.; v. dymuno
**desk** n. desg f.
**dessert** n. pwdin m.
**destroy** v. distrywio, dinistrio
**detach** v. datod
**detail** n. manylyn m.
**detective** n. ditectif m.
**develop** v. datblygu
**devil** n. diawl m., diafol m.
**dew** n. gwlith m.
**diabetes** n. clefyd siwgr m.
**dial** v. deialu; n. deial m.
**dialect** n. tafodiaith f.
**dialogue** n. sgwrs f., deialog f.
**diamond** n. diemwnt mf.
**diaper** n. cewyn m.
**diary** n. dyddiadur m.
**dictionary** n. geiriadur m.
**die** v. marw
**diet** n. deiet, diet m.
**difference** n. gwahaniaeth m.
**different** adj. gwahanol
**difficult** adj. anodd, caled
**difficulty** n. anhawster m.
**digest** v. treulio
**digestion** n. treuliad m.
**digital** adj. digidol; n ~ **camera** camera digidol m.
**dimension** n. dimensiwn m.

**dine** v. bwyta, ciniawa
**dining room** n. stafell fwyta f.
**dinner** n. cinio mf.
**diplomacy** n. diplomyddiaeth f.
**direct** adj. uniongyrchol, syth
**direction** n. cyfeiriad m.
**director** n. cyfarwyddwr m.
**dirt** n. baw m.
**dirty** adj. brwnt, budr
**disagree** v. anghytuno
**disagreement** n. anghytundeb m.
**disappear** v. diflannu
**disappointment** n. siom m.
**disaster** n. trychineb f.
**discipline** n. disgyblaeth f.; v. disgyblu
**discount** n. disgownt m.
**discover** v. darganfod
**discuss** v. trafod
**discussion** n. trafodaeth f.
**disease** n. haint m., clefyd m.
**disgusting** adj. ffiaidd
**dish** n. dysgl f
**disk** n. disg m.
**dislike** v. ddim yn hoffi
**disobey** v. anufuddhau
**disposable** adj. tafladwy
**distance** n. pellter m.
**distinct** adj. pendant, arbennig
**distinguish** v. gwahaniaethu
**distribute** v. dosbarthu
**distribution** n. dosbarthiad m.
**disturb** v. torri ar draws, aflonyddu
**ditch** n. ffos f.
**dive** v. plymio
**diver** n. plymiwr m.
**divide** v. rhannu
**divorce** n. ysgariad m.; v. ysgaru
**do** v. gwneud
**doctor** n. doctor m., meddyg m.
**dog** n. ci m.
**doll** n. dol f.
**dollar** n. doler m.
**donkey** n. asyn m.
**door** n. drws m.
**dose** n. dos f.
**dot** n. dot m.
**double** v. dyblu
**doubt** n. amheuaeth f.
**dough** n. toes m.
**down** adv. lawr
**dozen** n. dwsin m.
**draft** n. drafft m.; awel f.
**drama** n. drama f.
**draw** v. tynnu
**drawing** n. darlun m.
**dream** n. breuddwyd m.
**dress** n. gwisg f.; v. gwisgo
**drink** n. diod f.; v. yfed
**drive** v. gyrru
**driver** n. gyrrwr m.
**driver's licence** n. trwydded yrru f.
**drop** v. gollwng
**drown** v. boddi
**drug** n. cyffur m.
**drunk** adj. meddw, wedi meddwi
**dry** v. sychu
**dryer** n. sychwr m.
**due** adj. dyledus
**dumb** adj. mud [unable to speak], twp [stupid]
**during** prep. yn ystod
**dusk** n. cyfnos m.
**dust** n. llwch m.
**duty** n. dyletswydd m.
**dye** v. lliwio

## E

**e-mail** n. e-bost m.; v. e-bostio
**each** adj. pob
**ear** n. clust f.
**early** adj. cynnar
**earn** v. ennill
**earnings** n. enillion pl.
**earring** n. clustdlws m.
**earth** n. daear f.
**easily** adv. yn hawdd
**east** n. dwyrain m.
**Easter** n. Y Pasg m.
**easy** adj. hawdd
**eat** v. bwyta
**economy** n. economi m.
**edge** n. ymyl f.
**education** n. addysg f.
**effect** n. effaith f.
**effort** n. ymdrech f.
**egg** n. wy m; **boiled ~** wy wedi'i ferwi; **fried ~** wy wedi'i ffrio
**eight** num. wyth
**elastic** n. elastig m.
**elbow** n. penelin mf.
**electric** adj. trydanol
**electrician** n. trydanwr m.
**electricity** n. trydan m.
**elegant** adj. gosgeiddig
**elevator** n. lifft m.
**eleven** num. un deg un, un ar ddeg
**else** adj. arall
**embarrass** v. codi gwrid
**embassy** n. llysgenhadaeth f.
**emergency** n. argyfwng m.
**emigrate** v. allfudo
**employee** n. gweithiwr m.
**employer** n. cyflogwr m.
**employment** n. cyflogaeth f., gwaith m.
**empty** adj. gwag
**enclose** v. amgáu
**encounter** v. cyfarfod
**encyclopedia** n. ensyclopedia m.
**end** v. gorffen; n. diwedd m.
**endless** adj. diddiwedd
**enemy** n. gelyn m.
**energetic** adj. egnïol
**energy** n. egni m., ynni m.
**engage** v. dyweddïo
**engagement** n. dyweddïad m.
**engine** n. peiriant m.
**engineer** n. peiriannydd m.
**England** n. Lloegr f.
**English** n. Saesneg f. [language]; adj. Seisnig
**Englishman** n. Sais m.
**Englishwoman** n. Saesnes f.
**enjoy** v. mwynhau
**enjoyment** n. mwynhad m.
**enlarge** v. mwyhau, helaethu
**enormous** adj. enfawr
**enough** adj. digon; **~ food** digon o fwyd
**enter** v. mynd i mewn
**entertain** v. diddanu
**enthusiasm** n. brwdfrydedd m.
**entire** adj. cyfan
**entrance** n. mynedfa f. [door]; mynediad m.
**envelope** n. amlen f.
**environment** n. amgylchedd m.
**epidemic** n. haint m., pla m.
**equal** adj. cyfartal
**equality** n. cydraddoldeb m.
**equipment** n. offer mpl.
**era** n. cyfnod m.
**erase** v. dileu
**eraser** n. rhwber m.

**error** n. camsyniad m.
**escalator** n. lifft m.
**escape** v. ffoi, dianc
**especially** adv. yn enwedig
**essential** adj. angenrheidiol
**establish** v. sefydlu
**estate** n. ystâd f.
**estimate** v. amcangyfrif
**eternal** adj. tragwyddol
**euro** n. ewro m.
**Europe** n. Ewrop f.
**European** adj. Ewropeaidd; n. Ewropead m.
**European Union** n. Yr Undeb Ewropeaidd
**evacuate** v. gwacáu
**evaluate** v. gwerthuso
**even** adj. gwastad; adv. hyd yn oed
**evening** n. noswaith f.
**event** n. digwyddiad m.
**ever** adv. erioed
**every** adj. pob
**everybody** n./pron. pawb
**everyday** adj. cyffredin, pob dydd
**evidence** n. tystiolaeth f.
**exact** adj. union
**exaggerate** v. gorliwio
**examination** n. arholiad m.
**examine** v. arholi
**example** n. enghraifft f.
**excellent** adj. ardderchog
**except** prep. ac eithrio, heblaw
**exception** n. eithriad m.
**exchange** v. cyfnewid
**exchange rate** n. cyfradd gyfnewid f.
**excite** v. cyffroi
**excitement** n. cyffro m.
**exclude** v. cau allan
**excursion** n. gwibdaith f.
**excuse** n. esgus m.; v. esgusodi
**execute** v. gwneud [do]; dienyddio [kill]
**exercise** n. ymarfer m.; v. ymarfer
**exhaust** n. piben wacáu f.
**exhibit** v. arddangos
**exhibition** n. arddangosfa f.
**exist** v. bodoli
**existence** n. bodolaeth f.
**exit** n. allanfa f.
**expect** v. disgwyl
**expectation** n. disgwyliad m.
**expel** v. taflu allan
**expense** n. traul f.
**expensive** adj. drud
**experience** n. profiad m.
**expert** n. arbenigwr m.
**expire** v. dod i ben
**explain** v. esbonio
**explanation** n. esboniad m.
**explosion** n. ffrwydrad m.
**express** v. mynegi
**external** adj. allanol
**extinguish** v. diffodd
**extinguisher** n. diffoddwr m.
**extra** adj. ychwanegol
**extract** v. tynnu allan; n. darn m.
**extraordinary** adj. arbennig
**extreme** adj. eithafol
**eye** n. llygad m.
**eyebrow** n. ael f.

## F

**fabric** n. defnydd m.
**face** n. wyneb m.
**fail** v. methu
**failure** n. methiant m.
**faint** v. llewygu
**fair** adj. teg; ~ **play** chwarae teg

**faith** n. ffydd m.
**faithful** adj. ffyddlon
**fall** v. syrthio, cwympo
**false** adj. ffug
**family** n. teulu m.
**famous** adj. enwog
**fan** n. cefnogwr m. [supporter], gwyntyll m. [air]
**far** adj. pell
**farm** n. fferm f.
**farmer** n. ffermwr m.
**fashion** n. ffasiwn m.
**fast** adj. cyflym
**fasten** v. clymu [tie], cyflymu [speed]
**fat** adj. tew
**father** n. tad m.
**father-in-law** n. tad-yng-nghyfraith m.
**fault** n. bai m.
**favour** n. ffafr f.
**favourite** adj. hoff
**fear** n. ofn m.
**feather** n. pluen f.
**February** n. Chwefror m.
**fee** n. ffi m.
**feed** v. bwydo
**feel** v. teimlo
**feeling** n. teimlad m.
**female** adj. benywaidd; n. benyw f.
**feminine** adj. benywaidd
**fence** n. ffens f.
**ferry** n. fferi m.
**festival** n. gŵyl f.
**fever** n. twymyn m.
**few** pron. ychydig
**field** n. cae m.
**fight** v. ymladd
**fill** v. llenwi, llanw
**film** n. ffilm f.; v. ffilmio
**filter** n. hidlydd m.
**filthy** adj. brwnt
**final** adj. terfynol
**financial** adj. ariannol
**find** v. canfod, ffeindio
**fine** adj. braf
**finger** n. bys m.
**fingerprint** n. ôl bys m.
**finish** v. gorffen
**fire** n. tân m.
**fireman** n. dyn tân m.
**fireplace** n. lle tân m.
**fireworks** n. tân gwyllt m.
**firm** adj. cadarn
**first** adj. cyntaf
**fish** n. pysgodyn m.
**fisherman** n. pysgotwr m.
**Fishguard** Abergwaun
**fist** n. dwrn m.
**fit** v. ffitio
**five** num. pump
**fix** v. glynu
**flag** n. baner f.
**flame** n. fflam f.
**flash** v. fflachio
**flashlight** n. fflachlamp f.
**flat** adj. gwastad
**flavour** n. blas m.
**flea** n. chwannen f.
**flight** n. hediad m.
**float** v. arnofio
**flood** n. llifogydd pl.
**floor** n. llawr m.
**florist** n. gwerthwr blodau m.
**flour** n. blawd m.
**flow** v. llifo
**flower** n. blodyn m.
**flu** n. ffliw m.
**fluently** adv. yn rhugl
**fly** v. hedfan
**fog** n. niwl m.

**fold** v. plygu
**folk** n. gwerin f.
**follow** v. dilyn
**food** n. bwyd m.
**fool** n. ffŵl m.
**foot** n. troed f.
**football** n. pêl-droed f.
**for** prep. am, i
**forbid** v. gwahardd
**force** n. grym m.
**forefinger** n. mynegfys m.
**forehead** n. talcen m.
**foreign** adj. estron, tramor
**foreigner** n. estronwr m., tramorwr m.
**forest** n. fforest f., coedwig f.
**forever** adv. am byth
**forget** v. anghofio
**forgive** v. maddau
**fork** n. fforc f.
**form** n. ffurf f.; v. ffurfio
**formal** adj. ffurfiol
**former** adj. cyn
**forward** n. blaenwr m.; adv. ymlaen
**foundation** n. sail f.
**four** num. pedwar m., pedair f.
**fragile** adj. bregus
**frame** n. ffrâm f.
**France** n. Ffrainc f.
**free** adj. rhydd
**freedom** n. rhyddid m.
**freeze** v. rhewi
**freezer** n. rhewgell f.
**French** adj. Ffrengig; n. Ffrangeg f.
**Frenchman** n. Ffrancwr m.
**frequent** adv. aml
**fresh** adj. ffres
**Friday** n. Gwener f.
**friend** n. ffrind m., cyfaill m., cyfeilles f.
**friendly** adj. cyfeillgar
**friendship** n. cyfeillgarwch m.
**frog** n. broga m.
**from** prep. o +S.M., oddi wrth +S.M. [letter]
**front** n. blaen m.
**fruit** n. ffrwyth m.
**fry** v. ffrio
**frying pan** n. padell ffrio f.
**fuel** n. tanwydd m.
**full** adj. llawn; ~ time amser llawn
**fun** n. hwyl f.
**funeral** n. angladd f.
**funny** adj. doniol
**fur** n. ffwr m.
**furniture** n. celfi mpl.
**fuse** n. ffiws mf.
**future** n. dyfodol m.

## G

**gallery** n. oriel f.
**gallon** n. galwyn m.
**gamble** v. gamblo, hapchwarae
**game** n. gêm f.
**gap** n. bwlch m.
**garage** n. garej m., modurdy m.
**garbage** n. sbwriel m.
**garden** n. gardd f.
**gardener** n. garddwr m.
**garlic** n. garlleg fpl.
**gas** n. nwy m.
**gate** n. gât m., clwyd f.
**gather** v. casglu
**gay** adj. hapus, hoyw
**geography** n. daearyddiaeth f.
**germ** n. germ m.
**German** n. Almaeneg f.; adj. Almaenig
**Germany** n. Yr Almaen f.
**get** v. cael
**gift** n. anrheg f., rhodd f.

**girl** n. merch f.
**give** v. rhoi, rhoddi
**glad** adj. balch
**glass** n. gwydryn m.
**glasses** n. sbectol f.
**glove** n. maneg f.
**glue** n. glud m.
**go** v. mynd
**goal** n. gôl f.
**goat** n. gafr f.
**God** n. Duw m.
**godfather** n. tad bedydd m.
**godmother** n. mam fedydd f.
**gold** n. aur m.
**good** adj. da
**goodbye!** inter. hwyl fawr!
**goods** n. nwyddau pl.
**government** n. llywodraeth f.
**gown** n. gŵn f.
**grab** v. gafael
**graduate** v. graddio
**gram** n. gram m.
**grammar** n. gramadeg m.
**grandchild** n. ŵyr m.
**granddaughter** n. wyres f.
**grandfather** n. tad-cu m. [S.W.], taid m. [N.W.]
**grandmother** n. mam-gu f. [S.W.], nain f. [N.W.]
**grandson** n. ŵyr m.
**grant** n. grant m.; v. rhoi
**grape** n. grawnwin pl.
**grass** n. glaswellt pl., porfa f.
**grave** n. bedd m.
**gravestone** n. carreg fedd f.
**graveyard** n. mynwent f.
**great** adj. mawr
**Great Britain** n. Prydain f., Prydain Fawr f.
**great-grandfather** n. hen dad-cu m. [S.W.], hen daid m. [N.W.]
**great-grandmother** n. hen fam-gu f. [S.W.], hen nain f. [N.W.]
**green** adj. gwyrdd
**greet** v. cyfarch
**grey** adj. llwyd
**grief** n. galar m.
**grill** v. grilio
**grind** v. malu
**grocer** n. groser m.
**grocery store** n. siop groser f.
**ground** n. tir m.
**group** n. grŵp m.
**grow** v. tyfu
**grown-up** n. oedolyn m.
**growth** n. twf m.
**guarantee** n. gwarant m; v. gwarantu
**guard** v. gwarchod
**guess** v. dyfalu
**guide** v. tywys; n. tywysydd m.
**guilt** n. euogrwydd m.
**guilty** adj. euog
**gum** n. gwm m.
**gun** n. dryll m.
**gutter** n. gwter n.

## H

**hail** n. cesair; v. bwrw cesair
**hair** n. gwallt pl.; **haircut** n. toriad gwallt m.
**hairdresser** n. trinydd gwallt m.
**hairspray** n. chwistrell gwallt f.
**half** n. hanner m.
**hall** n. neuadd f.
**Halloween** n. Calan Gaeaf m.
**ham** n. ham m.

**hammer** n. morthwyl m.
**hand** n. llaw f.
**handful** n. llond llaw f.
**handicap** n. anfantais f.
**handle** v. trin; n. dolen f.
**handy** adj. hwylus
**hang** v. hongian
**hangover** n. pen mawr m.
**happen** v. digwydd
**happiness** n. hapusrwydd m.
**happy** adj. hapus
**harass** v. poeni
**harbour** n. harbwr m.; porthladd m.
**hard** adj. caled, anodd [difficult]
**harm** v. niweidio; n. niwed m.
**harp** n. telyn f.
**harvest** n. cynhaeaf m.
**hat** n. het f.
**hate** n. casineb m.
**have** v. cael [obtain], mae gan … [possess]
**hay** n. gwellt pl.
**hay fever** n. twymyn y gwair m.
**hazard** n. perygl m.
**he** pron. fe, ef
**head** n. pen m.
**headache** n. pen tost m. [S.W.], cur pen m. [N.W.]
**headlight** n. prif olau m.
**headline** n. pennawd m.
**headquarters** n. pencadlys m.
**heal** v. gwella
**health** n. iechyd m.
**healthy** adj. iach
**hear** v. clywed
**hearing** n. clyw m.
**heart** n. calon f.
**heat** n. gwres m.
**heater** n. gwresogydd m.
**heaven** n. nefoedd f., nef f.
**heavy** adj. trwm
**heel** n. sawdl mf.
**height** n. uchder m., taldra m. [of person]
**helicopter** n. hofrennydd m.
**hell** n. uffern f.
**hello!** inter. helo, shwmae
**help** n. help m., cymorth m.; v. helpu
**her** pron. hi; poss.pron. ei + SP.M.
**herb** n. perlysieuyn m.
**here** adv. yma
**hesitate** v. petruso
**hi!** inter. shwmae!
**hide** v. cuddio
**high** adj. uchel; n. ~ **school** ysgol uwchradd f.
**highway** n. priffordd f.
**hike** v. heicio
**hill** n. bryn m.
**him** pron. fe, ef
**hip** n. clun m.
**hire** v. llogi, huro
**historic** adj. hanesyddol
**history** n. hanes m.
**hit** v. taro
**hold** v. dal
**hole** n. twll m.
**holiday** n. gwyliau pl.
**holy** adj. sanctaidd
**home** n. cartref m.; adv. adref; **at ~** gartref
**homeland** n. mamwlad f.
**homesickness** n. hiraeth m.
**homework** n. gwaith cartref m.
**honey** n. mêl m.
**hook** n. bachyn m.; v. bachu
**hope** n. gobaith m.; v. gobeithio
**horn** n. corn m.
**hornet** n. cacynen f.

**horse** n. ceffyl m.
**hose** n. pibell f.
**hospital** n. ysbyty m.
**host** n. gwestai m.; gwestywr m.
**hostess** n. gwestywraig f.
**hot** adj. poeth
**hotel** n. gwesty m.
**hour** n. awr f.
**house** n. tŷ m.
**how** interrog. sut
**hug** v. cofleidio
**human** adj. dynol
**humid** adj. trymaidd
**hundred** num. cant
**hunger** n. newyn m.
**hungry** adj. chwant bwyd m.; **I'm ~** mae chwant bwyd arna i
**hunt** v. hela; n. helfa f.
**hunter** n. helwr m.
**hurricane** n. corwynt m.
**hurry** v. brysio
**hurt** v. brifo
**husband** n. gŵr m.
**hygiene** n. glendid m., hylendid m.
**hygienic** adj. hylan
**hyphen** n. cyplysnod m.

**I**

**I** pron. fi, i, mi
**ice** n. iâ m.; ~ **cream** hufen iâ m.; ~ **cube** iâ m.; ~ **hockey** hoci iâ m.
**icy** adj. rhewllyd
**idea** n. syniad m.
**ideal** adj. delfrydol
**identical** adj. tebyg
**identify** v. adnabod
**identity** n. hunaniaeth f.; ~ **card** cerdyn adnabod
**idiot** n. ffŵl m.
**if** conj. os
**ignition** n. peiriant tanio m. [car]
**ignore** v. anwybyddu
**ill** adj. sâl
**illegal** adj. anghyfreithlon
**illness** n. salwch m.
**illustration** n. darlun m.
**image** n. delwedd f.
**imagination** n. dychymyg m.
**imagine** v. dychmygu
**imitate** v. efelychu
**immediately** adv. ar unwaith
**import** v. mewnforio
**importance** n. pwysigrwydd m.
**important** adj. pwysig
**impossible** adj. amhosibl
**in** prep. yn + N.M. [+ definite noun], mewn [+ indefinite noun]
**inappropriate** adj. anaddas
**inch** n. modfedd f.
**incline** v. tueddu; n. rhiw f.
**include** v. cynnwys
**income** n. incwm m.
**increase** v. cynyddu; n. cynnydd m.
**index** n. mynegai m.
**indicate** v. nodi
**indifferent** adj. di-hid
**indigestion** n. diffyg traul m.
**industry** n. diwydiant m.
**inedible** adj. anfwytadwy
**infect** v. heintio
**infection** n. haint m.
**inform** v. rhoi gwybod
**information** n. gwybodaeth f.
**inhabitant** n. trigolyn m.
**initial** adj. cychwynnol
**inject** v. chwistrellu
**injection** n. chwistrelliad m.

**injure** v. niweidio
**injury** n. niwed m., anaf m.
**ink** n. inc m.
**inn** n. tafarn mf.
**innocent** adj. diniwed
**inquire** v. holi
**insect** n. trychfilyn m.
**inside** prep. y tu mewn i +S.M.; adv. y tu mewn
**insist** v. mynnu
**inspect** v. archwilio
**inspector** n. arolygydd m.
**install** v. gosod i mewn
**instead of** prep. yn lle
**instrument** n. offeryn m.
**insulate** v. ynysu
**insulation** n. ynysiad
**insult** v. sarhau; n. sarhad m.
**insurance** n. yswiriant m.
**insure** v. yswirio
**intelligence** n. deallusrwydd m.
**interest** n. diddordeb m.; llog m. [finance]
**interesting** adj. diddorol
**interior** n. y tu mewn m.; adj. mewnol
**international** adj. rhyngwladol
**internet** n. rhyngrwyd m.
**interpret** v. dehongli
**intervene** v. ymyrryd
**interview** n. cyfweld; n. cyfweliad m.
**intestine** n. coluddyn m.
**into** prep. mewn i + S.M.
**intoxicated** adj. meddw
**introduce** v. cyflwyno
**introduction** n. cyflwyniad m.
**invent** v. dyfeisio
**invention** n. dyfais f.
**investigate** v. ymchwilio, archwilio
**invitation** n. gwahoddiad m.
**invite** v. gwahodd
**iron** n. haearn m.
**ironing board** n. bwrdd smwddio m.
**Islam** n. Islam m.
**island** n. ynys f.
**isolate** v. ynysu
**issue** v. rhoi, cyhoeddi [publish]
**it** pron. ef m., hi f.
**Italy** n. Yr Eidal f.
**Italian** adj. Eidalaidd; n. Eidalwr m., Eidales f., Eidaleg f. [language]
**itch** v. cosi
**item** n. eitem f.

### J

**jacket** n. siaced f.
**jail** n. carchar m.
**jam** n. jam m.
**January** n. Ionawr m.
**jar** n. jar m.
**jealous** adj. eiddigeddus
**jealousy** n. eiddigedd m.
**jeans** n. jîns pl.
**jelly** n. jeli m.; ~ **fish** slefren fôr
**jet** n. jet m.
**Jew** n. Iddew m., Iddewes f.
**jewel** n. gem f.
**jeweller** n. gemydd m.
**jewellery** n. gemwaith m.
**Jewish** adj. Iddewig
**job** n. swydd f. [employment], tasg f. [task]
**jog** v. loncian
**join** v. ymuno
**joint** n. cymal m.; adj. cyd
**joke** n. jôc f.; v. smalio
**journal** n. cylchgrawn m.
**journalist** n. gohebydd m.
**journey** n. taith f.

**joy** n. llawenydd m.
**judge** n. barnwr m.; v. barnu
**judgement** n. barn f.
**juice** n. sudd m.
**July** n. Gorffennaf m.
**jump** n. neidio
**June** n. Mehefin m.
**just** adv. dim ond
**justice** n. cyfiawnder m.
**juvenile** n. glaslanc m.

### K

**keep** v. cadw
**kettle** n. tegell f.
**key** n. allwedd f. [S.W.], (a)goriad m. [N.W.]
**keyboard** n. allweddell f. [piano], bysellfwrdd m. [computer]
**keyhole** n. twll clo m.
**kick** v. cicio
**kid** n. plentyn m.
**kidney** n. aren f.
**kill** v. lladd
**killer** n. llofrudd m.
**kilo** n. cilo m.
**kilometer** n. cilometr m.
**kind** adj. caredig; n. math m.
**kindergarten** n. cylch chwarae m.
**kindness** n. caredigrwydd m.
**king** n. brenin m.
**kingdom** n. teyrnas f.
**kiss** v. cusanu; n. cusan f.
**kitchen** n. cegin f.
**knee** n. pen-lin m.
**knife** n. cyllell f.
**knit** v. gwau
**knock** v. curo
**knot** n. cwlwm m.; v. clymu
**know** v. gwybod [fact], adnabod [person, place]
**knowledge** n. gwybodaeth f.

### L

**label** n. label f.
**labour** n. llafur m.
**laboratory** n. labordy m.
**lack** n. diffyg m.
**ladder** n. ysgol f.
**lady** n. boneddiges f.
**lake** n. llyn m.
**lamp** n. lamp f.
**land** n. tir m.
**landlord** n. landlord m.
**landscape** n. tirlun m.
**lane** n. lôn f.
**language** n. iaith f.
**laptop computer** n. gliniadur m.
**large** adj. mawr
**last** adj. olaf; v. parhau
**late** adj. hwyr, diweddar
**later** adj. hwyrach
**laugh** v. chwerthin; n. chwarddiad m.
**laundry** n. londri m.
**lavender** n. lafant m.
**law** n. cyfraith f.
**lawful** adj. cyfreithlon
**lawn** n. lawnt f.
**lawsuit** n. achos llys m.
**lawyer** n. cyfreithiwr m.
**lay** v. gosod, dodwy [egg]
**lazy** adj. diog
**lead** v. arwain
**leader** n. arweinydd m.
**leaf** n. deilen f.
**league** n. cynghrair m.
**leak** v. gollwng
**lean** v. pwyso; adj. tenau

**leap** v. neidio; **~ year** blwyddyn naid
**learn** v. dysgu
**lease** v. llogi; n. les m.
**least** adj. lleiaf; **at ~** o leiaf
**leather** n. lledr m.
**leave** v. gadael
**lecture** n. darlith f.
**leek** n. cenhinen f.
**left** adj. chwith
**leg** n. coes f.
**legal** adj. cyfreithiol
**legend** n. chwedl f.
**legitimate** adj. cyfreithlon
**leisure** n. hamdden mf.
**lemon** n. lemwn m.
**lend** v. benthyg
**length** n. hyd m.
**lens** n. lens m.
**Lent** n. Y Grawys m.
**less** adj. llai
**lesson** n. gwers f.
**let** v. gadael [allow], llogi [hire]; rhentu [rent]
**letter** n. llythyr m., llythyren f. [alphabet]
**liar** n. celwyddgi m.
**liberty** n. rhyddid m.
**librarian** n. llyfrgellydd m.
**library** n. llyfrgell f.
**license** n. trwydded f.
**lie** n. celwydd m.; v. celwydda [untruth], gorwedd [rest]
**life** n. bywyd m.; **~ jacket** siaced achub
**lift** v. codi; n. lifft m.
**light** n. golau m.
**lighter** n. taniwr m.
**lightning** n. mellten f.
**like** v. hoffi
**limit** n. ffin f.; v. cyfyngu
**limp** v. cloffi; adj. llipa
**line** n. llinell f.
**linen** n. lliain m.
**link** n. cyswllt m.; v. cysylltu
**lip** n. gwefus f.
**lipstick** n. minlliw m.
**liquid** n. hylif m.
**liquor** n. licer m.
**list** n. rhestr f.
**listen** v. gwrando
**literature** n. llenyddiaeth f.
**litre** n. litr m.
**litter** n. sbwriel m.
**little** adj. bach
**live** v. byw
**liver** n. afu m.
**living room** n. stafell fyw f.
**loaf** n. torth f.
**loan** n. benthyciad m.; v. benthyca, benthyg
**lobby** n. cyntedd m.
**local** adj. lleol
**lock** v. cloi; n. clo m.
**log** n. boncyff m. [tree], log m.[record]; v. logio [computer]
**loneliness** n. unigrwydd m.
**lonely** adj. unig
**long** adj. hir
**look** v. edrych
**lose** v. colli
**loss** n. colled f.
**lost** adj. ar goll
**loud** adj. uchel
**loudspeaker** n. uchelseinydd m.
**lounge** n. lolfa f.
**love** v. caru; n. cariad m.
**low** adj. isel
**luck** n. lwc f.; **good ~** pob lwc
**luggage** n. bagiau pl.
**lunch** n. cinio mf.

**lung** n. ysgyfaint m.
**luxurious** adj. moethus
**luxury** n. moeth m.

# M

**machine** n. peiriant m.
**mad** adj. gwallgo
**madam** n. madam f.
**magic** n. hud m.
**magician** n. dewin m.
**magnet** n. magned m.
**magnifying glass** n. chwyddwydr m.
**maid** n. morwyn f.
**maiden name** n. enw morwynol m.
**mail** n. post m.
**mailbox** n. blwch post m.
**main** adj. prif
**majority** n. mwyafrif m.
**make** v. gwneud
**make-up** n. colur m.
**male** adj. gwrywaidd; n. gwryw m.
**mall** n. canolfan siopa f.
**mail** v. postio
**man** n. dyn m.
**manager** n. rheolwr m.
**manner** n. dull m.
**many** adj. llawer m.
**map** n. map m.
**March** n. Mawrth m.
**margin** n. ymyl f.
**marine** adj. morol
**mark** v. marcio
**market** n. marchnad f.; v. marchnata
**marriage** n. priodas f.
**marry** v. priodi
**masculine** adj. gwrywaidd
**mask** n. masg m.
**mason** n. saer maen m.
**mass** n. torf f. [crowd]
**master** adj. prif; n. meistr m.
**match** v. cyfateb; n. gêm f.
**material** n. deunydd m.
**maternity** n. mamolaeth f.
**matter** n. mater m.
**mattress** n. matras m.
**mature** adj. aeddfed
**maturity** n. aeddfedrwydd m.
**maximum** n. mwyafswm m.
**May** n. Mai m.
**maybe** adv. efallai
**meal** n. pryd m.
**mean** v. golygu; adj. cas
**meaning** n. ystyr mf.
**means** n. modd m.
**measure** v. mesur; n. mesuriad m.
**meat** n. cig m.
**mechanic** n. mecanig m.
**mechanical** adj. mecanyddol
**medal** n. medal mf.
**medical** adj. meddygol
**medication** n. moddion pl.
**Mediterranean Sea** n. Y Môr Canoldir m.
**meet** v. cyfarfod, cwrdd
**meeting** n. cyfarfod m.
**melt** v. toddi, dadlaith, dadmer
**member** n. aelod m.
**memorise** v. cofio
**memory** n. cof m.
**mention** v. sôn, crybwyll
**menu** n. bwydlen f. [food], dewislen f. [computer]
**merchandise** n. nwyddau pl.
**Merry Christmas!** inter. Nadolig Llawen!
**mess** n. llanast m.
**message** n. neges f.

**messenger** n. negesydd m.
**metal** n. metel m.
**meter** n. metr m.
**middle** n. canol m.
**midnight** n. canol nos m.
**mild** adj. tyner [gentle], gwan [weak]
**mile** n. milltir f.
**milestone** n. carreg filltir f.
**military** adj. milwrol
**milk** n. llaeth m. [S.W.], llefrith m. [N.W.]
**mill** n. melin f.
**million** n. miliwn f.
**mind** n. meddwl m.
**minimum** m. minimwm m., lleiafswm m.
**minister** n. gweinidog m.
**minor** adj. lleiaf
**minority** n. lleiafrif m.
**mint** n. mintys m.
**minus** n. minws m.
**minute** n. munud mf.
**mirror** n. drych m.
**miscellaneous** adj. amrywiol
**miss** v. colli
**mistake** n. camsyniad m.
**mister** n. meistr m.
**misunderstanding** n. camddealltwriaeth f.
**mix** v. cymysgu
**mobile phone** n. ffôn bach, ffôn symudol m.
**model** n. model m.
**modem** n. modem m.
**moderate** adj. cymedrol
**modern** adj. modern
**modify** v. addasu
**moist** adj. llaith
**moisture** n. lleithder m.
**mold** n. ffwng m.
**moment** n. moment f., eiliad f.
**monastery** n. mynachlog f.
**Monday** n. Llun m.
**money** n. arian m.
**monk** n. mynach m.
**monkey** n. mwnci m.
**monster** n. anghenfil m.
**month** n. mis m.
**monument** n. cofadail m.
**mood** n. tymer f.
**moon** n. lleuad f.
**more** adj. mwy
**morning** n. bore m.
**mortgage** n. morgais m.
**mosque** n. mosg m.
**mosquito** n. mosgito m.
**most** adj. mwyaf
**mother** n. mam f.
**mother-in-law** n. mam-yng-nghyfraith f.
**motion** n. symudiad m. [movement], cynnig m. [conference]
**motivation** n. ysgogiad m.
**motive** n. cymhelliad m.
**motorbike** n. beic modur m.
**mountain** n. mynydd m.
**mouse** n. llygoden f.
**moustache** n. mwstás m.
**mouth** n. ceg f.
**move** v. symud
**movie** n. ffilm f.
**mud** n. llaid m., mwd m.
**multiply** v. lluosi
**murder** v. llofruddio
**murderer** n. llofrudd m.
**muscle** n. cyhyr m.
**museum** n. amgueddfa f.
**mushroom** n. madarchen f.
**music** n. cerddoriaeth f.
**musician** n. cerddor m.

**must** n. rhaid m.; **I ~** mae rhaid i fi
**mustard** n. mwstard m.
**mute** adj. mud

## N

**nail** n. hoelen f. [metal], ewin m. [finger]
**naked** adj. noeth
**name** n. enw m.
**nap** n. cyntun m.
**napkin** n. clwt m.
**narrow** adj. cul
**nation** n. cenedl. f.
**nationality** n. cenedligrwydd m.
**native** adj. brodorol
**natural** adj. naturiol
**nature** n. natur f.
**nausea** n. cyfog m.
**navel** n. botwm bol m.
**navigate** v. mordeithio
**navy** n. llynges f.
**near** prep. yn ymyl, ger
**nearly** adv. bron
**neat** adj. taclus
**necessary** adj. angenrheidiol
**necessity** n. anghenraid m.
**neck** n. gwddf m.
**necklace** n. mwclis pl.
**need** n. angen m.; **I ~** mae angen arna i
**needle** n. nodwydd f.
**negative** adj. negyddol
**neighbour** n. cymydog m.
**neighbourhood** n. cymdogaeth f.
**neither** adv. na chwaith
**nephew** n. nai m.
**nerve** n. nerf m.
**nervous** adj. nerfus
**nest** n. nyth f.
**net** n. rhwyd f.
**network** n. rhwydwaith m.
**neutral** adj. niwtral
**never** adv. byth
**new** adj. newydd; **Happy ~ Year** Blwyddyn Newydd Dda
**news** n. newyddion pl.
**newspaper** n. papur newydd m.
**next** adj. nesaf
**nice** adj. neis
**nickname** n. llysenw m.
**niece** n. nith f.
**night** n. nos f.
**nightmare** n. hunllef f.
**nine** num. naw
**no** adv. na
**nobility** n. bonedd m.
**nobody** pron. neb
**noise** n. sŵn m.
**none** n. dim m.
**noon** n. canol dydd m.
**normal** adj. normal
**north** n. gogledd m.
**nose** n. trwyn m.
**nosy** adj. busneslyd
**not** adv. ddim
**note** n. nodyn m.
**notebook** n. llyfr nodiadau m.
**nothing** n. dim m.
**notice** n. hysbysiad m.; v. sylwi
**notify** v. rhoi gwybod, hysbysu
**noun** n. enw m.
**nourishing** adj. maethlon
**novel** n. nofel f.
**November** n. Tachwedd m.
**now** adv. yn awr, nawr
**nowadays** adv. heddiw
**nowhere** adv. ddim yn unman
**nude** adj. noeth
**number** n. rhif m.

**numerous** adj. niferus
**nun** n. lleian f.
**nurse** n. nyrs f.
**nut** n. cneuen f.

## O

**obese** adj. gordew
**object** n. gwrthrych m.
**objection** n. gwrthwynebiad m.
**obscene** adj. anllad
**obscure** adj. aneglur
**observation** n. sylw m.
**observe** v. sylwi
**obstacle** n. rhwystr m.
**obtain** v. cael
**obvious** adj. amlwg
**occasion** n. achlysur m.
**occasional** adj. achlysurol
**occasionally** adv. weithiau
**occupation** n. galwedigaeth f.
**occupy** v. meddiannu
**occur** v. digwydd
**ocean** n. cefnfor m.
**October** n. Hydref m.
**odd** adj. rhyfedd
**odour** n. arogl m.
**of** prep. o + S.M.
**of course** prep. wrth gwrs
**offend** v. tramgwyddo
**offer** v. cynnig; n. cynnig m.
**office** n. swyddfa f.
**official** adj. swyddogol; n. swyddog m.
**often** adv. yn aml
**oil** n. olew m.
**oily** adj. olewllyd, seimllyd
**old** adj. hen
**old-fashioned** adj. hen ffasiwn
**on** prep. ar +S.M.
**once** adv. unwaith
**one** num. un
**onion** n. wynwynen f.
**only** adv. yn unig
**open** adj. agored; adv. ar agor
**open-minded** adj. meddwl agored
**operate** v. gweithredu
**operation** n. llawdriniaeth f. [hospital]
**operator** n. gweithredwr m.
**opinion** n. barn f.
**opponent** n. gwrthwynebydd m.
**oppose** v. gwrthwynebu
**opposite** prep. gyferbyn â +SP.M.
**optician** n. optegydd m.
**option** n. dewis m.
**or** conj. neu +S.M.
**oral** adj. llafar
**orange** n. oren m.
**orchestra** n. cerddorfa f.
**order** n. archeb f., gorchymyn m.
  [command]; v. archebu, gorchymyn
  [command]
**ordinary** adj. cyffredin
**organ** n. organ mf.
**organisation** n. corff m.
**organise** v. trefnu
**other** adj. arall
**ounce** n. owns m.
**out** adv. allan
**outdoor** adv. awyr agored
**outside** adv. y tu allan
**oven** n. ffwrn f.
**over** prep. dros +S.M.
**overcoat** n. cot f., cot fawr f.
**overtime** n. goramser m.
**owe** v. ar +S.M.; **I ~ you ten pounds** mae
  arna i ddeg punt i chi
**own** v. perchenogi; gan +S.M. **I ~ a car**
  mae car gen i

**owner** n., perchennog m.
**oxygen** n. ocsigen m.

## P

**pace** n. cyflymder m.
**pack** v. pacio
**page** n. tudalen mf.
**pain** n. poen mf.
**painful** adj. poenus
**paint** n. paent m.
**painting** n. peintiad m., darlun m.
**pair** n. pâr m.
**pajamas** n. pyjamas m.
**pale** adj. gwelw
**pan** n. padell f.
**pants** n. pans m, trôns m.
**paper** n. papur m.
**paralyze** v. parlysu
**parents** n. rhieni mpl.
**park** n. parc m.; v. parcio.
**parking lot** n. lle parcio m.
**parliament** n. senedd f.
**part** n. rhan f.
**part-time** adj. rhan-amser
**partner** n. partner m.
**party** n. parti m.
**pass** v. pasio; n. bwlch m. [mountain], pàs
  m. [ticket]
**passenger** n. teithiwr m.
**passport** n. pasbort m.
**past** n. gorffennol m.
**pastry** n. toes m.
**path** n. llwybr m.
**patient** n. claf m.; adj. amyneddgar
**paw** n. pawen f.
**pay** v. talu; n. tâl m.
**payment** n. tâl m.
**peace** n. heddwch m.
**peak** n. copa m.
**pearl** n. perl m.
**pebble** n. carreg f.
**pedal** n. pedal m.
**pedestrian** n. cerddwr m.
**pen** n. ysgrifbin m.
**pencil** n. pensil m.
**people** n. pobl f.
**pepper** n. pupur m.
**per cent** adv. y cant
**perfect** adj. perffaith
**perfume** n. persawr m.
**perhaps** adv. efallai
**period** n. cyfnod m.
**permit** v. caniatáu
**person** n. person m.
**personal** adj. personol
**pet** n. anifail anwes m.
**petite** adj. bychan
**pharmacy** n. fferyllfa f.
**phone** n. ffôn m.
**phonebook** n. llyfr ffôn m.
**photo** n. ffotograff m.
**photocopy** n. llungopi m.
**photograph** n. ffotograff m.
**phrase** n. ymadrodd m.
**physical** adj. corfforol
**physician** n. meddyg m.
**picnic** n. picnic m.
**picture** n. darlun m.
**pie** n. pei m.
**piece** n. darn m.
**pile** n. pentwr m.
**pill** n. pilsen f.
**pillow** n. clustog f.
**pillowcase** n. gorchudd clustog m.
**pilot** n. peilot m.
**pin** n. pìn m.
**pinch** v. pinsio

**pine** n. pin m.
**pink** adj. pinc
**pint** n. peint m.
**pipe** n. piben f.
**place** n. lle m.
**plain** adj. plaen
**plan** n. cynllun m.
**plane** n. awyren f.
**planet** n. planed f.
**plant** n. planhigyn m.
**plastic** adj. plastig
**plate** n. plât m.
**play** v. chwarae
**please** adv. os gwelwch yn dda
**pleasure** n. pleser m.
**plug** n. plwg m.
**plumber** n. plymer m.
**plural** adj. lluosog
**plus** prep. plws
**pocket** n. poced f.
**pocketknife** n. cyllell boced f.
**poetry** n. barddoniaeth f.
**point** n. pwynt m.
**poison** n. gwenwyn m.
**poisonous** adj. gwenwynig
**pole** n. polyn m.
**police** n. heddlu m.
**police officer** n. heddwas m.
**police station** n. gorsaf heddlu f.
**policy** n. polisi m.
**polite** adj. cwrtais
**political** adj. gwleidyddol
**politics** n. gwleidyddiaeth f.
**pond** n. pwll m.
**pony** n. merlyn m.
**pool** n. pwll m.; **swimming ~** pwll nofio
**poor** adj. tlawd
**pope** n. pab m.
**population** n. poblogaeth f.
**pork** n. porc m.
**portrait** n. portread m.
**position** n. safle m.
**positive** adj. cadarnhaol
**possible** adj. posibl
**post** n. post m.; **~ office** post office; **~
  code** cod post m.; postio v.
**postcard** n. cerdyn post m.
**pot** n. pot m.
**pottery** n. crochenwaith m.
**poultry** n. ieir pl.
**pound** n. punt f. [£], pwys m. [lb]
**our** pron. ein
**powder** n. powdr m.
**power** n. pŵer m.
**practical** adj. ymarferol
**pray** v. gweddïo
**prayer** n. gweddi f.
**prefer** v. gwell; **I ~** mae'n well gen i
**pregnant** adj. beichiog
**prepaid** adj. wedi'i dalu o flaen llaw
**prepare** v. paratoi
**prescription** n. papur meddyg m.
**present** adj. presennol; v. cyflwyno
**president** n. llywydd m.
**press** n. gwasg f.; v. gwasgu
**pressure** n. gwasgedd m.
**pretty** adj. pert
**prevent** v. rhwystro, atal
**previous** adj. blaenorol
**price** n. pris m.
**pride** n. balchder m.
**priest** n. offeiriad m.
**prime minister** n. prif weinidog m.
**principal** adj. prif; n. pennaeth m.,
  prifathro m.
**principle** n. egwyddor f.
**prison** n. carchar m.
**prisoner** n. carcharor m.

**privacy** n. preifatrwydd m.
**private** adj. preifat
**privilege** n. braint f.
**probably** adv. yn ôl pob tebyg
**problem** n. problem f.
**produce** v. cynhyrchu
**product** n. cynnyrch m.
**profession** n. proffesiwn m.
**professor** n. athro m.
**profile** n. proffil m.
**profit** n. elw m.
**programme** n. rhaglen f.
**progress** n. cynnydd m.
**prohibit** v. gwahardd
**project** n. prosiect m.
**promenade** n. promenâd m.
**promise** v. addo
**proof** n. prawf m.
**property** n. eiddo m.
**proposal** n. cynnig m.
**propose** v. cynnig
**protect** v. amddiffyn
**protection** n. amddiffyniad m.
**protest** n. protest f.; v. protestio
**Protestant** n. Protestant m.
**proud** adj. balch
**prove** v. profi
**proverb** n. dihareb f.
**provide** v. darparu
**province** n. talaith f.
**prudent** adj. call
**pub** n. tafarn mf.
**public** n. cyhoedd m.; adj. cyhoeddus; **~
  transport** cludiant cyhoeddus
**publicity** n. cyhoeddusrwydd m.
**publish** v. cyhoeddi
**publisher** n. cyhoeddwr m.
**pull** v. tynnu
**pulse** n. pyls m., curiad calon m.
**pump** n. pwmp m.
**purchase** v. prynu
**pure** adj. pur
**purple** adj. porffor
**purpose** n. pwrpas m.
**purse** n. pwrs m.
**push** v. gwthio
**put** v. rhoi

## Q

**quality** n. ansawdd mf.
**quantity** n. swm. m.
**quarter** n. chwarter m.
**queen** n. brenhines f.
**question** n. cwestiwn m.
**quick** adj. cyflym
**quiet** adj. tawel
**quilt** n. carthen f.
**quite** adv. eitha
**quote** v. dyfynnu; n. dyfyniad m.

## R

**rabbi** n. rabi m.
**rabbit** n. cwningen f.
**race** n. ras f.
**racism** n. hiliaeth f.
**racquet** n. raced f.
**radio** n. radio m.
**rage** n. dicter m.
**railroad** n. rheilffordd f.
**rain** n. glaw m.; v. bwrw glaw
**rainbow** n. enfys f.
**raincoat** n. cot law f.
**rainy** adj. glawiog
**raise** v. codi
**RAM (Random Access Memory)** n.
  RAM

153

**random** adj. ar hap
**range** n. amrediad m.
**rape** n. trais m.; v. treisio
**rare** adj. prin
**rash** n. brech f.; adj. byrbwyll
**rat** n. llygoden fawr f.
**rate** n. cyfradd f.
**raw** adj. amrwd
**razor** n. eilliwr m.
**razor blade** n. llafn eillio f.
**react** v. adweithio
**reaction** n. adwaith m.
**read** v. darllen
**reader** n. darllenydd m.
**ready** adj. parod
**real** adj. gwirioneddol, real
**realise** v. sylweddoli
**reality** n. gwirionedd m.
**rear** n. cefn m.
**reason** n. rheswm m.
**recall** v. cofio
**receipt** n. derbynneb f.
**receive** v. derbyn
**receiver** n. derbynnydd m.
**recent** adj. diweddar
**reception** n. derbynfa f.
**recipe** n. rysáit m.
**recommend** v. argymell
**record** n. record f., cofnod m. [note]
**recover** v. adfer
**red** adj. coch
**reduce** v. lleihau
**reduction** n. lleihad m.
**refer** v. cyfeirio
**referee** n. dyfarnwr m.
**refreshment** n. lluniaeth mf.
**refrigerator** n. oergell f.
**refund** v. ad-dalu
**regard** v. ystyried
**regards!** inter. cofion!
**regarding** prep. ynglŷn â +SP.M.
**region** n. ardal f.
**register** n. cofrestr f.; v. cofrestru
**regret** v. edifarhau
**regular** adj. cyson
**regulation** n. rheoliad m.
**relationship** n. perthynas f.
**relative** n. perthynas f.; adj. perthnasol
**relax** v. ymlacio
**reliable** adj. dibynadwy
**relief** n. rhyddhad m.
**relieve** v. rhyddhau
**religion** n. crefydd f.
**religious** adj. crefyddol
**rely** v. dibynnu
**remain** v. aros
**remark** n. sylw m.
**remember** v. cofio
**remind** v. atgoffa
**remote control** n. cliciwr m.
**remove** v. symud
**renew** v. adnewyddu
**renovate** v. adnewyddu
**renown** n. enwogrwydd m.
**rent** n. rhent m.; v. rhentu
**reorganise** v. aildrefnu
**repair** v. trwsio
**repeat** v. ailadrodd
**replace** v. disodli
**reply** v. ateb; n. ateb m.
**report** v. adrodd; n. adroddiad m.
**represent** v. cynrychioli
**representative** n. cynrychiolydd m.
**republic** n. gweriniaeth f.
**reputation** n. enw da m.
**request** v. gwneud cais; n. cais m.
**require** v. angen m.; **I ~** mae angen arna i

**rescue** v. achub
**research** n. ymchwil f.
**reservation** n. cadw lle m.
**reserve** v. cadw lle
**residence** n. cartref m. [home]
**resist** v. ymwrthod
**resort** n. man gwyliau mf.
**respect** n. parch m.; v. parchu
**respond** v. ymateb
**response** n. ymateb m.
**responsibility** n. cyfrifoldeb m.
**responsible** adj. cyfrifol
**rest** v. gorffwys; n. **~ room** ystafell orffwys f.
**restaurant** n. bwyty m.
**restore** v. adfer
**restrict** v. cyfyngu
**result** n. canlyniad m.
**retire** v. ymddeol
**return** v. dychwelyd
**reverse** v. cefnu
**review** v. adolygu; n. adolygiad m.
**reward** v. gwobrwyo
**rhythm** n. rhythm m.
**rib** n. asen f.
**ribbon** n. rhuban m.
**rice** n. reis m.
**rich** adj. cyfoethog
**ride** v. marchogaeth
**right** adj. iawn [correct], de [side]
**ring** n. cylch m. [circle], modrwy f. [finger]
**rinse** v. golchi
**riot** n. terfysg m.
**ripe** adj. aeddfed
**rise** v. codi
**risk** n. risg m.
**river** n. afon f.
**road** n. heol f.
**rob** v. lladrata
**robbery** n. lladrad m.
**robe** n. gŵn m.
**rock** n. craig f.
**rod** n. rhoden f.
**role** n. rôl f.
**roll** v. rholio
**romance** n. rhamant f.
**roof** n. to m.
**room** n. stafell f., ystafell f.
**rope** n. rhaff f.
**rotten** adj. pwdr
**round** adj. crwn
**route** n. ffordd f.
**row** n. rhes f.
**royal** adj. brenhinol
**rubber band** n. band rwber
**rude** adj. anfoesgar
**ruin** n. adfail m.; v. difetha
**rule** n. rheol f.; v. rheoli
**run** v. rhedeg
**rush** v. rhuthro
**rust** n. rhwd m.

## S

**Sabbath** n. Sabath m.
**sad** adj. trist
**saddle** n. cyfrwy m.
**safe** adj. diogel, saff; n. sêff f.
**safety** n. diogelwch m.
**safety pin** n. pìn cau m.
**sail** v. hwylio
**sailing boat** n. cwch hwylio m.
**sailor** n. morwr m.
**salad** n. salad m.
**salary** n. cyflog mf.
**sale** n. gwerthiant m., sêl f.
**saliva** n. poer m.
**salt** n. halen m.

154

**same** adj. tebyg, yr un
**sample** n. sampl m.
**sand** n. tywod m.
**sandal** n. sandal f.
**sanitary pad** n. tywel mislif m.
**Santa Claus** n. Siôn Corn m.
**satisfy** v. bodloni
**Saturday** n. Sadwrn m.
**savory** adj. sawrus
**say** v. dweud
**scale** n. graddfa f.
**scar** n. craith f.
**scarf** n. sgarff f.
**scenery** n. golygfa f.
**scent** n. persawr m.
**schedule** n. amserlen f. [*timetable*];
    n. trefnlen f. [*order*]
**scholarship** n. ysgoloriaeth f.
**school** n. ysgol f.
**science** n. gwyddoniaeth f.
**scientific** adj. gwyddonol
**scissors** n. siswrn m.
**score** n. sgôr f.; v. sgorio
**scratch** v. crafu
**scream** v. gweiddi, sgrechian; n. sgrech f.
**screen** n. sgrin f.
**screw** n. sgriw f.
**screwdriver** n. tyrnsgriw m.
**sculpture** n. cerflun m.
**sea** n. môr m.
**search** v. chwilio
**seasickness** n. salwch môr m.
**season** n. tymor m.
**seat** n. sedd f.
**seat belt** n. gwregys diogelwch m.
**seaweed** n. gwymon m.
**second** n. eiliad f.; adj. ail
**secret** n. cyfrinach f.
**secretary** n. ysgrifennydd m.,
    ysgrifenyddes f.
**security** n. diogelwch m.
**see** v. gweld
**seed** n. hedyn m.
**seem** v. ymddangos
**seize** v. gafael
**select** v. dethol
**selection** n. detholiad m.
**self** pron. hunan
**self-service** n. hunanwasanaeth m.
**sell** v. gwerthu
**send** v. anfon
**sender** n. anfonwr m.
**senior citizen** n. pensiynwr m.
**sentence** n. brawddeg f.; dedfryd f. [*law*]
**separate** v. gwahanu; adj. ar wahân
**separation** n. gwahaniad m.
**September** n. Medi m.
**series** n. cyfres f.
**serious** adj. difrifol
**service** n. gwasanaeth m.
**set** n. set f.; v. gosod
**settle** v. ymsefydlu, setlo
**seven** num. saith
**several** pron. sawl
**sew** v. gwnïo
**shade** n. cysgod m.; v. cysgodi
**shake** v. ysgwyd; ~ **hands** ysgwyd llaw
**shallow** adj. bas
**shame** n. cywilydd m.
**shampoo** n. siampŵ m.
**shape** n. siâp m.
**share** v. rhannu
**shark** n. siarc m.
**sharp** adj. miniog
**shave** v. eillio
**shaving cream** n. hufen eillio m.
**she** pron. hi
**sheet** n. dalen f.; cynfas m. [*bed*]

**shelf** n. silff f.
**shell** n. cragen f.
**shellfish** n. pysgod cregyn mpl.
**shelter** n. cysgod m.; v. cysgodi
**shine** v. disgleirio
**ship** n. llong f.
**shirt** n. crys m.
**shock** n. sioc m.
**shoe** n. esgid f.
**shoe polish** n. cabol esgidiau m.
**shoelace** n. carrai esgid f.
**shoot** v. saethu
**shop** n. siop f.
**shore** n. glan f.
**short** adj. byr
**shorten** v. byrhau
**shot** n. ergyd f.
**shoulder** n. ysgwydd f.
**shout** v. gweiddi
**show** v. dangos; n. sioe f.
**shower** n. cawod f.
**shrink** v. cwtogi
**shut** v. cau
**shutter** n. caead m.
**shuttle** n. gwennol f.
**sick** adj. sâl; n. cyfog m.
**side** n. ochr f.
**sidewalk** n. pafin m.
**sight** n. golwg mf.
**sign** n. arwydd mf.; v. llofnodi
**signal** n. arwydd mf., signal m.
**signature** n. llofnod m.
**silence** n. tawelwch m.
**silent** adj. tawel
**silk** n. sidan m.
**silly** adj. ffôl, twp
**silver** n. arian m.
**similar** adj. tebyg
**simple** adj. syml
**since** prep. er, ers
**sincerely** adv. yn gywir
**sing** v. canu
**singer** n. canwr m., cantor m., cantores f.
**single** adj. sengl
**sink** n. sinc m.
**sip** v. llymeitian
**sir** n. syr m.
**sister** n. chwaer f.
**sister-in-law** n. chwaer-yng-nghyfraith f.
**sit** v. eistedd
**site** n. safle m.
**six** num. chwech, chwe
**size** n. maint m.
**skate** v. sglefrio
**ski** v. sgio
**skin** n. croen m.
**skirt** n. sgert f.
**sky** n. awyr f.
**slang** n. slang m.
**sleep** v. cysgu
**sleeping bag** n. sach gysgu f.
**sleeping pill** n. pilsen gysgu f.
**sleeve** n. llawes f.
**slice** n. tafell f.
**slide** v. llithro
**slipper** n. llopan m.
**slope** n. llethr mf.
**slow** adj. araf
**small** adj. bach
**smart** adj. golygus [*handsome*], clyfar,
    deallus [*intelligent*]
**smell** v. arogli; n. arogl m.
**smile** v. gwenu
**smoke** n. mwg m.
**snack** n. byrbryd m.
**snake** n. neidr f.
**sneeze** v. tisian
**snore** v. chwyrnu**

155

**snow** n. eira m.; v. bwrw eira
**snowboard** v. eirfyrddio
**snowflake** n. pluen eira f.
**so** adv. felly
**soak** v. gwlychu
**soap** n. sebon m.
**soccer** n. pêl-droed f.
**sock** n. hosan f.
**sofa** n. soffa m.
**sofabed** n. gwely soffa m.
**soft** adj. meddal
**soil** n. pridd m.; v. trochi
**solid** adj. solet
**some** pron. rhai
**somebody** pron. rhywun
**something** pron. rhywbeth
**sometimes** adv. weithiau
**son** n. mab m.
**son-in-law** n. mab-yng-nghyfraith m.
**song** n. cân f.
**soon** adv. yn fuan
**sore** adj. dolurus
**sorrow** n. galar m.
**sorry** adj. blin; I'm ~ mae'n flin gen i
**sound** n. sain f.; adj. cadarn
**soup** n. cawl m.
**sour** adj. sur
**south** n. de m.
**souvenir** n. cofrodd f.
**space** n. gofod m.
**Spain** n. Sbaen f.
**Spaniard** n. Sbaenwr m.; Sbaenes f.
**Spanish** n. Sbaeneg f. [language]; adj. Sbaenaidd
**spare part** n. darn sbâr m.
**speak** v. siarad
**special** adj. arbennig
**specialty** n. arbenigrwydd m.
**spectator** n. gwyliwr m.
**speech** n. araith f.
**speed** n. cyflymder m.
**spell** v. sillafu
**spend** v. gwario [money], treulio [time]
**spider** n. pryf cop m.
**spine** n. asgwrn cefn m.
**spit** v. poeri
**spoil** v. sbwylio, difetha
**sponge** n. sbwng m.
**spoon** n. llwy f.; tea ~ llwy de; table ~ llwy fwrdd
**sport** n. chwaraeon pl.
**spring** n. sbring m.
**square** n. sgwâr m.
**stadium** n. stadiwm m.
**stage** n. llwyfan mf.
**stain** n. staen m.
**stairs** n. grisiau pl.
**stamp** n. stamp m.
**star** n. seren f.
**start** v. dechrau, cychwyn
**starve** v. llwgu
**state** n. cyflwr m. [condition], gwladwriaeth f. [country]
**station** n. gorsaf f.
**statue** n. cerflun m.
**stay** v. aros
**steady** adj. cyson [regular], cadarn [strong]
**steak** n. stecen f.
**steal** v. dwyn, lladrata
**steam** n. ager m.
**step** n. gris m.; v. camu
**stepfather** n. llystad m.
**stepmother** n. llysfam f.
**still** adv. o hyd; adj. llonydd
**sting** v. pigo
**stink** v. drewi
**stitch** n. pwyth m.

**stocking** n. hosan f.
**stomach** n. stumog f.
**stone** n. carreg f.
**stool** n. stôl f.
**stop** v. aros, stopio
**store** n. siop f.
**storm** n. storm f.
**story** n. stori f.
**stove** n. ffwrn f.
**straight** adj. syth
**strange** adj. rhyfedd
**stranger** n. dieithryn m.
**straw** n. gwelltyn m.
**stream** n. nant f.
**street** n. stryd f.
**strength** n. cryfder m.
**stress** n. straen m.
**string** n. llinyn m.
**stroke** n. ergyd f. [shot], cur calon. [heart]
**strong** adj. cryf
**student** n. myfyriwr m.
**study** v. astudio; n. astudiaeth f.
**stuff** n. defnydd m.; v. stwffio
**stupid** adj. ffôl
**stylish** adj. coeth
**subject** n. pwnc m.
**subtitle** n. is-deitl m.
**subtract** v. tynnu
**suburb** n. maestref f.
**subway** n. isffordd f.
**success** n. llwyddiant m.
**such** adj. o'r math
**suck** v. sugno
**suffer** v. dioddef
**sugar** n. siwgr m.
**suicide** n. hunanladdiad m.
**suit** n. siwt f.; v. siwtio
**suitcase** n. cês m.
**sum** n. swm m.
**summary** n. crynodeb m.
**summer** n. haf m.
**sun** n. haul m.
**Sunday** n. Sul m.
**sunflower** n. blodyn haul m.
**sunglasses** n. sbectol haul f.
**sunny** adj. heulog
**sunrise** n. codiad haul m.
**sunscreen** n. sgrin haul f.
**sunset** n. machlud m.
**sunstroke** n. trawiad haul m.
**supermarket** n. archfarchnad f.
**supper** n. swper m.
**sure** adj. siŵr
**surgeon** n. llawfeddyg m.
**surgery** n. meddygfa f.
**surroundings** n. cynefin m.
**survive** v. goroesi
**suspect** v. drwgdybio, amau
**swallow** v. llyncu
**swamp** n. cors f.
**Swansea** Abertawe
**swear** v. rhegi, tyngu [oath]
**sweat** n. chwys m.; v. chwysu
**sweater** n. siwmper f.
**sweep** v. ysgubo
**sweet** adj. melys
**swell** v. chwyddo; adj. swanc
**swim** v. nofio
**swimming pool** n. pwll nofio
**swimsuit** n. siwt nofio f.
**swing** n. siglen f.; v. siglo
**Swiss** n. Swisiad m.[person]
**switch** v. newid; n. swits f.
**Switzerland** n. Y Swistir f.
**symptom** n. symptom m.
**synagogue** n. synagog m.
**syringe** n. chwistrell m.

**table** *n.* bwrdd *m.*, tabl *m.* [*figures*]
**tablecloth** *n.* lliain bwrdd *m.*
**tablespoon** *n.* llwy fwrdd *f.*
**tailor** *n.* teiliwr
**take** *v.* cymryd, mynd â +*S.M.*; ~ **care** cymerwch ofal; **take off** diosg [*clothes*], codi [*aeroplane*]
**talk** *v.* siarad
**tall** *adj.* tal
**tampon** *n.* tywel mislif
**tan** *n.* lliw haul *m.*
**tap** *n.* tap *m.*; *n.* ~ **water** dŵr tap *m.*
**target** *n.* targed *m.*
**taste** *n.* blas *m.*; *v.* blasu
**tasteful** *adj.* chwaethus
**tasty** *adj.* blasus
**tattoo** *n.* tatŵ *m.*
**tax** *n.* treth *f.*; *v.* trethu
**taxi** *n.* tacsi *m.*
**tea** *n.* te *m.*
**teach** *v.* dysgu
**teacher** *n.* athro *m.*, athrawes *f.*
**team** *n.* tîm *m.*
**teapot** *n.* tebot *m.*
**tear** *n.* deigryn *m.*; *v.* rhwygo
**tease** *v.* poeni
**teaspoon** *n.* llwy de *f.*
**teenager** *n.* arddegwr *m.*
**teleconference** *v.* telegynadledda
**telephone** *n.* teleffôn *m.*; ffôn *m.*; ~ **book** llyfr ffôn; ~ **number** rhif ffôn; *v.* ffonio
**television** *n.* teledu *m.*
**tell** *v.* dweud; **to ~ someone** dweud wrth rywun
**temper** *n.* tymer *f.*
**temperature** *n.* tymheredd *m.*, gwres *m.* [*fever*]
**temple** *n.* teml *f.*
**temporary** *adj.* dros dro
**ten** *num.* deg
**tenant** *n.* tenant *m.*
**tennis** *n.* tennis *m.*
**tent** *n.* pabell *f.*; ~ **pole** polyn pabell
**tepid** *adj.* claear
**terrace** *n.* teras *m.*
**terrible** *adj.* ofnadwy
**text** *n.* testun *m.*
**textbook** *n.* llyfr gosod *m.*
**textile** *n.* tecstil *m.*
**than** *conj.* na + *SP.M.*
**thank** *v.* diolch; ~ **you!** Diolch i chi! ~ **you very much!** Diolch yn fawr!
**thankful** *n.* diolchgar
**that** *rel.pron.* bod [*with long forms of verbs*], a +*S.M* [*with short forms of verbs*]; *adj.* hwnnw *m.*, honno *f.*
**thaw** *v.* meirioli, toddi, dadlaith
**the** *art.* y, yr, 'r
**theatre** *n.* theatr *f.*
**theft** *n.* lladrad *m.*
**them** *pron.* nhw
**then** *adv.* yna, wedyn
**there** *adv.* yno
**thermometer** *n.* thermomedr *m.*
**they** *pron.* nhw
**thick** *adj.* trwchus
**thickness** *n.* trwch *m.*
**thief** *n.* lleidr *m.*
**thigh** *n.* clun *m.*
**thin** *adj.* tenau
**thing** *n.* peth *m.*
**think** *v.* meddwl
**third** *num.* trydydd
**thirst** *n.* syched *m.*

**thirsty** *adj.* sychedig
**this** *adj.* hwn *m.*, hon *f.*
**thought** *n.* syniad *m.*
**thousand** *num.* mil *f.*
**threat** *n.* bygythiad *m.*
**threaten** *v.* bygwth
**three** *num.* tri *m.* tair *f.*
**throat** *n.* llwnc *m.*
**through** *prep.* trwy +*S.M.*
**throw** *v.* taflu
**thumb** *n.* bawd *mf.*
**thunder** *n.* taran *f.*
**thunderstorm** *n.* storm mellt a tharanau *f.*
**Thursday** *n.* lau *m.*
**ticket** *n.* tocyn *m.*
**tickle** *v.* cosi
**tide** *n.* llanw *m.*
**tie** *v.* clymu
**time** *n.* amser *m.*
**tire** *v.* blino
**tired** *adj.* wedi blino
**title** *n.* teitl *m.*
**to** *prep.* i +*S.M.*
**tobacco** *n.* baco *m.*
**today** *adv.* heddiw
**toe** *n.* bys troed *m.*
**together** *adv.* gyda'i gilydd
**toilet** *n.* tŷ bach *m.*, toiled *m.*; ~ **paper** papur tŷ bach
**toll** *n.* toll *f.*
**tomb** *n.* bedd *m.*
**tombstone** *n.* carreg fedd *f.*
**tomorrow** *adv.* yfory
**tongue** *n.* tafod *m.*
**tonight** *adv.* heno
**tonsils** *n.* tonsil *m.*
**too** *adv.* hefyd
**tool** *n.* offeryn *m.*
**tooth** *n.* dant *m.*
**toothache** *n.* dannod *f.*
**toothbrush** *n.* brwsh dannedd *m.*
**toothpaste** *n.* past dannedd *m.*
**top** *adj.* prif [*chief*]; *n.* pen *m.*
**toss** *v.* taflu
**total** *n.* cyfanswm *m.*
**touch** *v.* cyffwrdd
**tough** *adj.* gwydn
**tour** *n.* taith *f.*
**tourism** *n.* twristiaeth *f.*
**tourist** *n.* twrist *m.*
**tourist office** *n.* swyddfa dwristiaeth *f.*, swyddfa groeso *f.*
**tournament** *n.* pencampwriaeth *f.*
**tow** *v.* tynnu
**toward** *prep.* tuag at +*S.M.*
**towel** *n.* tywel *m.*
**tower** *n.* tŵr *m.*
**town** *n.* tref *f.*
**toy** *n.* tegan *m.*
**track** *n.* llwybr *m.*
**trade** *n.* masnach *f.*; *v.* masnachu
**tradition** *n.* traddodiad *m.*
**traffic** *n.* traffig *m.*; trafnidiaeth *f.*
**trail** *n.* llwybr *m.*
**trailer** *n.* carafán *f.*
**train** *n.* trên *m.*
**transfer** *v.* trosglwyddo
**translate** *v.* cyfieithu
**translation** *n.* cyfieithiad *m.*
**translator** *n.* cyfieithydd *m.*
**transport** *n.* cludiant *m.*
**trash** *n.* sbwriel *m.*
**trash can** *n.* bin sbwriel *m.*
**travel** *v.* teithio
**traveller** *n.* teithiwr *m.*
**traveller's cheque** *n.* siec deithio *f.*
**tray** *n.* hambwrdd *m.*
**treasure** *n.* trysor *m.*

**157**

**tree** n. coeden f.
**trial** n. achos m. [law], arbrawf m. [experiment]
**tribe** n. llwyth m.
**tribute** n. teyrnged f.
**trouble** n. trafferth m.
**trousers** n. trowsus m.
**truck** n. lorri f.
**true** adj. gwir
**trunk** n. cist f.
**trust** n. ymddiriedaeth f., ymddiriedolaeth f. [organization]
**truth** n. gwirionedd m.
**try** v. ceisio; n. cais mf. [rugby]
**Tuesday** n. Mawrth m.
**tuition** n. hyfforddiant m.
**tunnel** n. twnnel m.
**turn** n. tro m.; v. troi
**twice** adv. dwywaith
**twin** n. gefell m.
**two** num. dau m., dwy f.
**type** v. to type
**typical** adj. nodweddiadol

## U

**U-turn** n. tro U bedol m.
**ugly** adj. salw
**ulcer** n. wlser m.
**umbrella** n. ymbarél m.
**unable** adj. analluog
**unauthorised** adj. heb awdurdod
**unaware** adj. heb wybod
**unbearable** adj. annioddefol
**unbelievable** adj. anghredadwy
**uncle** n. ewythr m.
**uncomfortable** adj. anghysurus
**unconscious** adj. anymwybodol
**under** prep. dan +S.M.
**underground** adj. tanddaearol
**understand** v. deall
**underwear** n. dillad isaf pl.
**undo** v. datod
**undress** v. dadwisgo
**uneasy** adj. pryderus
**uneven** adj. anwastad
**unfamiliar** adj. anghyfarwydd
**unforgettable** adj. bythgofiadwy
**unhappy** adj. anhapus
**unhealthy** adj. afiach
**uniform** n. ffurfwisg f.
**union** n. undeb m.
**unique** adj. unigryw
**unit** n. uned f.
**United States of America** npl. Unol Daleithiau America
**universal** adj. cyffredinol
**universe** n. bydysawd m.
**university** n. prifysgol f.
**unknown** adj. anhysbys
**unless** conj. oni bai
**unlike** adj. annhebyg
**unlikely** adv. yn annhebyg
**unlimited** adj. diderfyn
**unload** v. dadlwytho
**unpack** v. dadbacio
**unsafe** adj. anniogel
**until** prep. tan +S.M.
**unusual** adj. anarferol
**up** adv. i fyny
**up-to-date** adj. cyfoes
**upper** adj. uwch, uchaf
**upset** v. tarfu; adj. wedi cyffroi
**upside-down** adv. ben-i-waered
**upstairs** adv. lan llofft, i fyny'r grisiau
**urban** adj. trefol
**urge** v. annog
**urgent** adj. brys

**use** v. defnyddio
**used** adj. wedi'i ddefnyddio, ail-law
**usual** adj. arferol
**usually** adv. fel arfer
**utensil** n. offeryn m.

## V

**vacancy** n. swydd wag f.
**vacant** adj. gwag
**vacation** n. gwyliau pl.
**vaccinate** v. brechu
**vacuum cleaner** n. sugnydd llwch m.
**valid** adj. dilys
**validity** n. dilysrwydd m.
**validate** v. dilysu
**valley** n. cwm m.
**valuables** n. pethau gwerthfawr pl.
**value** n. gwerth m.
**van** n. fan f.
**vanilla** n. fanila m.
**various** adj. amrywiol
**VCR** n. chwaraewr fideo m.
**vegetable** n. llysieuyn m.
**vegetarian** n. llysfwytäwr m., llysieuwr n.
**vein** n. gwythïen f.
**velvet** n. melfed m.
**venereal disease** n. clefyd gwenerol m.
**verb** n. berf f.
**verdict** n. dyfarniad m.
**verify** v. gwireddu
**versus** prep. yn erbyn
**very** adv. iawn
**veterinarian** n. milfeddyg m.
**veterinary surgeon** n. milfeddyg m.
**victim** n. dioddefwr m.
**video camera** n. camera fideo m.
**view** n. golygfa f.; v. gwylio
**villa** n. fila m.
**village** n. pentref m.
**vine** n. gwinwydden f.
**vinegar** n. finegr m.
**vineyard** n. perllan f.
**violent** adj. treisgar
**virgin** n. morwyn f.
**visa** n. fisa m.
**visible** adj. gweladwy
**visit** v. ymweld; n. ymweliad m.
**visitor** n. ymwelydd m.
**vitamin** n. fitamin m.
**vocabulary** n. geirfa f.
**voice** n. llais m.
**void** adj. di-rym
**voltage** n. foltedd m.
**volunteer** n. gwirfoddolwr m.
**vomit** v. cyfogi; n. cyfog m.
**vote** v. pleidleisio; n. pleidlais f.
**vow** v. addo; n. addewid mf.
**vowel** n. llafariad f.

## W

**wage** n. cyflog mf.
**waist** n. gwasg m.
**wait** v. aros
**waiter** n. gweinydd m.
**waiting room** n. ystafell aros f.
**waitress** n. gweinyddes f.
**wake (up)** v. deffro, dihuno
**walk** v. cerdded
**wall** n. wal f., mur m.
**wallet** n. waled f.
**want** v. eisiau m.; I ~ mae eisiau … arna i, rydw i eisiau; moyn
**war** n. rhyfel m.
**warm** adj. cynnes, twym
**warn** v. rhybuddio
**warranty** n. gwarant m.